广东省基础教育高中历史教研基地（珠海）

暨新一轮（2020—2022）珠海市刘洪生中学历史名教师工作室研究成果

大概念统领下的 中 学 历 史 深度学习实践研究

编著——刘洪生　汪　琪　林　泽

编委——（以姓氏笔画为序）

王子维　王宜祥　史　宁　杨　巍

郑雅丽　龚　正　彭　鑫

本研究立足珠海市高中历史教学现状，
进行大概念统领下的
高中历史深度学习实践，
探索一条
以教师的大概念教学实现学生的深度学习，
进而提高学生的历史学科
核心素养的可行路径。

南方日報出版社
NANFANG DAILY PRESS
中国·广州

图书在版编目（CIP）数据

大概念统领下的中学历史深度学习实践研究 / 刘洪生，汪琪，林泽编著. —广州：南方日报出版社，2022.5
ISBN 978-7-5491-2502-9

Ⅰ. ①大… Ⅱ. ①刘… ②汪… ③林… Ⅲ. ①中学历史课—教学研究 Ⅳ. ① G633.512

中国版本图书馆 CIP 数据核字（2021）第 276745 号

DA GAINIAN TONGLING XIA DE ZHONGXUE LISHI SHENDU XUEXI SHIJIAN YANJIU

大概念统领下的中学历史深度学习实践研究

编　　著：刘洪生　汪　琪　林　泽
出 版 人：周山丹
责任编辑：方　明　张煜杰
责任校对：裴晓倩
责任技编：王　兰
封面设计：南风视觉
出版发行：南方日报出版社
地　　址：广州市广州大道中 289 号
电　　话：（020）87363865
经　　销：全国新华书店
印　　刷：佛山市迎高彩印有限公司
开　　本：787 mm × 1092 mm　1/16
印　　张：12
字　　数：191 千字
版　　次：2022 年 5 月第 1 版
印　　次：2022 年 5 月第 1 次印刷
定　　价：49.00 元

投稿热线：（020）87360640　　读者热线：（020）87363865
发现印装质量问题，影响阅读，请与承印厂联系调换。

目录

CONTENTS

第一章

绪　论

第一节　选题缘由

21 世纪既是一个教育信息化的时代，也是一个知识经济的时代。正是在这样一个历史交汇点上，全球教育发生了深刻的变革，培养学生的核心素养便是其中一个重要的方向。2002 年，美国正式启动了 21 世纪核心素养的研究项目。2005 年，欧盟颁布的《核心素养：欧洲参考框架》中提出了要培养学生的 8 项核心素养。2016 年 9 月，我国教育部颁布了《中国学生发展核心素养》，正式开启了我国培养学生核心素养的新时代。

为了适应学生历史学科核心素养的培养要求，《普通高中历史课程标准（2017 年版 2020 年修订）》（简称“新课标”）应运而生。新课标明确提出：“历史课程要将培养和提高学生的历史学科核心素养作为目标，使学生通过历史课程的学习逐步形成具有历史学科特征的正确价值观、必备品格与关键能力。课程结构的设计、课程内容的选择、课程的实施等，都要始终贯穿发展学生历史学科核心素养这一任务。”由此可见，新课标在顶层设计的层面上对高中历史课程的进一步改革做了明晰的指导和规划，将培养和提高学生的历史学科核心素养这一理念渗透于新一轮高中历史课程改革的方方面面。

在课程内容的选择上，新课标在前言中提到本次课程修订工作“进一步精选了学科内容，重视以学科大概念为核心，使课程内容结构化，以主题为引领，使课程内容情境化，促进学科核心素养的落实”。很显然，在促进学生历史学科核心素养落地工作中，“学科大概念”已占据显著的位置，成为一个有力的助推器，这也是其首次被纳入历史课程标准中。

在课程的实施方面，新课标倡导应“进一步改进教学方式、学习方式和评价机制，将教、学、评有机结合，促进学生的自主学习、合作学习和探究学习，提高实践能力，培养创新精神”。在改进学生学习方式上，新课标积极提倡一种新型的学习方式，那便是“深度学习”。在 2003 年版《普通高中历史课程标准（实验）》中并未出现这一学习方式，而新课标则在7处有所提及。例如，新课标指出："建议通过对课程内容的整合，引导学生深度学习，促进学生带着问题意识和证据意识在新情境下对历史进行探索，拓展其历史认识的广度和深度"，"高中历史教学多是采用专题教学的方式，而专题教学可以采用多种基于网络的学习方式，如深度学习、项目学习、微课学习、翻转课堂，以及课下自主学习等"，等等。

如上所述，"大概念"和"深度学习"的理念在新课标的研制中首次被吸收，是新一轮高中历史课程改革的两大重要取向，但对于教师究竟应如何利用大概念和引导学生深度学习，新课标并未提供具体的操作指南。目前，大概念和深度学习已是历史教育专家和历史教师积极研讨的一个焦点问题。研讨虽已初见成效，但对大概念和深度学习的挖掘力度则显得不够充分，而在大概念和深度学习的关系方面也未能给予深入的审视。鉴于此，本研究立足珠海市高中历史教学现状，进行大概念统领下的高中历史深度学习实践，探索一条以教师的大概念教学实现学生的深度学习，进而提高学生的历史学科核心素养的可行路径。

第二节 国内外研究现状

大概念（Big Idea）和深度学习（Deep Learning）都是在诸多领域内会被用到的舶来词，本研究只探讨其在基础教育课程与教学领域中的运用情况。目前国内外已有不少教育专家和一线教师对大概念和深度学习进行了相关的研究。国外于20世纪后期便开展了相关研究，且取得了较为丰富的成果。相比之下，国内研究则尚处起步阶段，方兴未艾。

一、大概念的国内外研究现状

国外研究大概念的学者中最具代表性的是美国课程改革指导专家格兰特·威金斯（Grant Wiggins）、杰伊·麦克泰（Jay McTighe，一译杰伊·麦克泰格）和林恩·埃里克森（H.Lynn Erickson）。这些学者均出版了多本著作论述大概念和大概念在课程设计与教学实践中的应用。格兰特·威金斯（Grant Wiggins）和杰伊·麦克泰（Jay McTighe）在《重理解的课程设计手册》(*The Understanding by Design Handbook*，1999)、《重理解的课程设计(第二版)》(*Understanding by Design*，*Expanded 2nd Ed*，2005)和《理解为先模式：单元教学设计指南(一)》(*The Understanding by Design*: *Guide to Creating High-Quality Units*，2011)等合著中都倡导以学生的理解为目标进行课程与教学设计，并提出大概念就是实现这个目标的有效途径。两人对大概念的内涵和价值，以及围绕大概念展开课程与教学设计，包括构架教学优先次序、设计基本问题和布置实作任务等问题进行了详细的研究。林恩·埃里克森(H.Lynn Erickson)在《概念为本的课程与教学》(*Concept-Based Curriculum And Instruction*: *Teaching Beyond The Facts*，2002)和《以概念为本的课程与教学：培养核心素养的绝佳实践》(*Concept-Based Curriculum And Instruction*: *How to Bring Content and Process Together*，2014)这两本著作中也主张课程与教学设计要强调面向学生的理解，提出要从传统的以内容目标为本的模式转向以概念为本的模式，即要运用大概念以推动学生从学习事实性知识走向获得概念性理解。

大概念在落实发展学生学科核心素养中的价值已得到国内许多学者的认可。盛慧晓的《大观念与基于大观念的课程建构》，李刚、吕立杰的《国外围绕大概念进行课程设计模式探析及其启示》，以及邵朝友、崔允漷的《指向核心素养的教学方案设计：大观念的视角》等文章都对国外学者有关大概念的研究观点进行了梳理总结，认为国外大概念的相关研究对培养国内学生学科核心素养的落实工作具有极大的借鉴意义，并就如何围绕大概念进行课程与教学设计提出了多条切实可行的实践建议。

具体到历史课程与教学方面，澳大利亚小学历史教师默里·怀特利(Maree Whiteley)在《大概念：从一个小学教师的角度近距离研究澳大利亚的历史课程》(*Big ideas*: *A close look at the Australian history curriculum from a primary teacher's perspective*，2012)一文中提出"历史理解"就是历史教学中的大概念，建议教师充分利用澳大利亚历史课程文件"年级描述"这一部分中蕴含的关键概念，如证据、连续性和变化、因果关系、观点、同理心、重要性和可辩论性等来帮助学生加深对历史理解这一大概念的认识。国内学者方美玲教授通过分析2017年版高中历史课程标准对"课程性质"的阐述，提炼出"历史规律"作为大概念。其后，方教授在《历史学科大概念的确立及其教育价值》一文中通过分析历史学科的研究目的，将“唯物史观”确立为历史学科的另一大概念。陈志刚和王继平教授在《大概念的理解与教师备课》中则认为方教授借用国外社会科学内容而构建的历史学科大概念与历史学科各层级概念的结构图“未能处理好单一学科与综合学科之间的关系”，提出“国外所谈大概念理念是跨学科大概念，我国课程改革强调的是学科大概念”。因此两人强调大概念理念在历史学科中的运用也应是学科大概念而非跨学科大概念，并主张教师运用大概念理念进行教学应是看重其在单元教学设计中的价值而并非进行概念教学，同时提出了四点建议，以帮助教师在备课时能用历史学科大概念的视角来组织单元主题教学。

另外，有不少一线高中历史教师结合自身的教学实践，以具体的教学案例专门论述了大概念的运用。王建宁在《基于“大概念”的高中历史教学》一文中以《辛亥革命和中华民国的建立》这一单元为例，围绕大概念“革命：嬗变与延续”，阐述了基于单元大概念的高中历史教学的三个步骤：一是构建概念体系，识别关键问题；二是建立单元目标，设计评价方式；三是开发学习活动，选择组织材料。胡波和赵晓东在《大视野与小切口：“纲要”式教学内容应对策略——也谈大概念教学的策略》中则以《两宋的政治与军事》一课为例，将本课的大概念提炼为“制度变迁”，提出了一条基于细节支撑的大概念教学实践路径：①从教材细微处构建大概念；②从历史的疑难点落实大概念；③从人物活动中升华大概念。

二、深度学习的国内外研究现状

瑞典哥德堡大学教育学院的费伦斯·马顿（Ference Marton）和罗杰·萨尔乔（Roger Säljö）教授于1976年发表的《学习的本质区别：结果和过程》（*On Qualitative Differences in Learning: I-Outcome and Process*）一文，被普遍视为研究深度学习的开篇之作。两人开展了一项旨在研究学生信息加工水平差异的阅读实验，并提出了“浅度加工水平”（Surface-Level Processing）和“深度加工水平”（Deep-Level Processing）这两个概念。他们发现处于浅度加工水平的学生往往是死记硬背文本信息，其记忆效果会随时间的推移而变弱；而具有深度加工水平的学生能够从整体上理解信息意义，且比前者维持了更佳的记忆效果和取得了更好的测试成绩。两人的实验结论为研究学生的学习开拓了一个新视野，而“深度加工水平”这个概念在随后其他学者的不断深入研究过程中则演化为“深度学习”（Deep Learning）这一专业术语。

在深度学习研究领域中，美国在理论搭建和实践探索方面都可谓是典范，都积累了较多成熟的经验。美国教学改革专家埃里克·詹森（Eric Jensen）和利恩·尼克尔森（LeAnn Nickelsen）在《深度学习的7种有力策略》（*Deeper Learning: 7 Powerful Strategies for In-Depth and Longer-Lasting Learning*，2010）中描绘了一条清晰而具体的“深度学习路径”（Deeper Learning Cycle）：①设计标准与课程；②预评估；③营造积极的学习文化；④预备与激活先期知识；⑤获取新知识；⑥深度加工知识；⑦评价学生的学习。美国深度学习与21世纪技能界定委员会（Committee on Defining Deeper Learning and 21st Century Skills）在《为了生活和工作的学习：培养21世纪可迁移的知识与技能》（*Education for Life and Work: Developing Transferable Knowledge and Skills in the 21st Century*，2012）一书中专门论述了深度学习的实现、21世纪技能的形成，以及二者之间的关系。美国研究协会（American Institutes for Research）曾于2014年就促进深度学习的教学策略和学校制度等相关问题而实施了“深度学习研究”（Study of Deeper Learning）实验项目。

此外，早在2013年，加拿大教育学家迈克尔·富兰（Michael Fullan）便对全球7个国家共近1500间学校开展了“为了深度学习的新教育学”（New Pedagogies for Deep Learning）项目，极大地推动了深度学习的理论和实践的进一步发展。

国内较早开启深度学习研究的是何玲和黎加厚教授，两人于2005年发表的《促进学生深度学习》一文详细地阐述了深度学习的缘起、定义和特点，并提出了促进深度学习的教学策略。张浩和吴秀娟在《深度学习的内涵及认知理论基础探析》中着重从建构主义理论、情境认知理论、分布式认知理论和元认知理论这四个角度分析了深度学习的认知理论基础，揭示了深度学习的发生机制和环境条件。郑东辉的《促进深度学习的课堂评价：内涵与路径》从课堂评价的层面论述了促进深度学习的课堂评价应遵循的理念和实施的路径。尤小平和崔允漷则探索了以学历案为载体实现学生深度学习的教学新形态。教育部基础教育课程教材发展中心于2014年着手研究开发了“深度学习”教学改进项目，“将其作为深化基础教育课程改革的重要抓手和落实学生发展核心素养及各学科课程标准的实践途径”。

在历史学科方面，教育部基础教育课程教材发展中心于2019年委托新疆维吾尔自治区教育科学研究院承担了“普通高中基于历史学科核心素养的深度学习教学改进”课题（项目）研究工作，自此历史教育界开始了对深度学习的集中研究。在2020年，高中历史学科新疆教研基地承办了“新课标　新理念　新教材　新实践——普通高中历史基于深度学习的单元教学实践活动”，这一全国性的在线主题教研活动将深度学习理念有力地渗透进高中历史教学当中，为高中历史教师使用新教材展开新教学以培养学生历史学科核心素养提供了新理念。

三、大概念与深度学习在历史教学中的结合运用研究现状

周云华在《立足学科大概念　发展学生好素养》一文中认为深度学习的目标与学科大概念的本质遥相呼应，提出历史教学应以学科大概念为锚点，推进学生的深度学习，最终促成学生历史学科核心素养的落实。陈志刚和王本涛教授在《深度学习与历史学科核心素养目标的达成》中主张“深度学习是一种基于问题的学习”，目的是使学生掌握核心概念，建构知识结构，拥有迁移能力。韩海林在《基于知识结构的深度学习策略——以西周政治制度学习为例》一文中也提出了类似的观点，强调教师要聚焦学科核心概念，发掘知识的思维方式与逻辑结构，揭示知识背后的价值与意义，帮助学生最终达成对知识意义的深度学习。

综上所述，就近年来的研究取向而言，历史教育界已密切关注到大概念与深度学习这两种新理念，对两者在历史教学中的结合运用也有了一定的探讨，但略显不足。具体来说，尚未形成以大概念推进深度学习的系统化理论，在基于大概念的深度学习评价方面也没有构建更加清晰的、易于操作的模型。

第三节 大概念与深度学习的内涵界定

纵观目前国内外的研究，在大概念和深度学习这两个概念的内涵界定方面都尚未出现一个统一的表述，但各家之言却是大同小异，在二者的主要特征、运用价值和实施策略等方面，均已达成一定程度上的共识。既然这两个概念都是舶来词，我们可以从其英文表述入手，对其内涵作深入把握。

一、大概念的内涵界定

大概念，英文“Big Idea”，国内有学者将其译为“大观念”“核心观念”“核心概念”“核心观点 / 基本思想”等等。由于新课标中明确提到的是“学科大概念”一词，因此本研究采用“大概念”这一翻译。

从大概念的英文“Big Idea”来看，首先，这里的“Big”很容易被人们望文生义地认为涵盖了较大范围学科内容的知识就是大概念。但更确切地说，大概念的“大”其实揭示了大概念处于学科的核心位置，这就意味着大概念是学科内容中关键的、核心的知识，并非一般的、基础的知识。因此，大概念必然能对较大范围内的学科知识进行解释，反之则未然。格兰特·威金斯和杰伊·麦克泰认为“大概念的‘大’不仅仅是由于其知识范围，大概念必须有教育上的效用：它必须能使学习者理解过去发生的事情；最值得注意的是，它必须有助于使新的、不熟悉的事物变得更熟悉”。由此可见，大概念的“大”还体现了迁移性，即大概念不仅能在较大范围的学科知识之内产生可迁移的解释力，还能迁移运用于解决学科知识范围以外的包括跨学科之间和学校之外的新问题。刘徽教授则认为“大概念的迁移价值更体现在走出学校之后”，提出大概念和小概念的区分标准在于“生活价值”，即学生能够运用大概念来解决在实际生活中遇到的新问题。

其次，大概念是“Big Idea”而非“Big Concept”。“Concept”通常是指概念，而“Idea”比“Concept”具有更多层的含义，除了指概念，还有想法、观点、思想等意思。格兰特·威金斯和杰伊·麦克泰指出“大概念可以以各种形式体现——一个词、一个句子或者一个问题。反过来说，一个核心的概念、一个基本问题或一个正式理论都是大概念，只是用不同的方式表达出来而已”。在林恩·埃里克森的“知识的结构”模型中，处于大概念层次的有概念（也叫核心概念/聚合概念）、概括、原理和理论。概念是“可以跨时间、跨文化、跨情境迁移”，“使用一两个词或者短语来表述”；概括和原理是“表述两个或两个以上的概念之间关系的句子”；理论是“一个推论或者一组用来解释现象或实践的概念性观点”。在林恩·埃里克森看来，大概念的最佳呈现方式是一个表达了观点或是真理的句子，这样有利于将学生“从事实带到可迁移性理解”，最终有助于学生能够用所获得的可迁移性理解去解决在陌生的学习情境或是生活情境中遇到的各种问题。

概而言之，大概念“指的是那些用于课程、教学和评估方法的核心概念、原则、理论和过程”，“是构建理解的支持材料，被认为是能够连接碎片化知识的一种有意义的模式”。大概念具有多种表达形式和多方面的特征，以及重要的运用价值。

在历史学科方面，王健宁将大概念视为历史学科中的核心概念。陈志刚和王继平教授认为大概念可以是“学科的核心概念（如中央集权、专制主义、战争、革命、变法等）、经常出现的学习主题（古代帝王加强中央集权、农民起义的爆发、近代列强的侵略战争等）、反复出现的学科问题（历史事件爆发的原因、如何评价历史人物等）、学科理论与方法（历史论证的方法、阶级斗争学说等）、有争议的结论或观点（某一历史人物的评价、文明冲击的两面性等）”。李凯教授提出大概念“或是重大历史现象本身，或是提供某个历史问题的解决方案，或是实现学生价值观转换的途径”。谭晓泽和卓恺返则认为大概念“蕴含了历史知识与理论、历史方法论与价值观，是历史学科核心素养的重要表征”。新一轮高中历史课程改革注重以学科大概念为核心，使之促进历史课程内容的结构化和历史学科核心素养培养的落实。因此，教师要准确把握和充分挖掘大概念的内涵，要“仔细分析每个学习专题的重点内容、核心概念和关键问题，选择和确定教学重点和难点，采取多种手段突出重点、突破难点，使学生通过对重点内容、核心概念和关键问题的理解，带动对整个学习专题的探讨和认识”。

二、深度学习的内涵界定

深度学习的英文是“Deep Learning”，但其最初表述是“Deep-level Processing”，意为“深度加工水平”，指的是学生在学习过程中能够对学习材料进行深层次的处理，不仅能理解材料蕴含的信息，还能保持对信息的长时记忆。可以看到，无论是“Deep Learning”亦或是“Deep-level Processing”的表述，都涉及和强调“Deep”（深度）。那么，究竟应当如何界定和衡量这种深度？学生的学习要达到何种程度才可谓是深度？对于这些问题，研究学者纷纷从不同的角度给出了解答。总体而言，主要有以下两种。

其一，从学生学习过程出发进行阐述。如前文所述，费伦斯·马顿（Ference Marton）和罗杰·萨尔乔（Roger Säljö）教授便是基于学生在学习过程中对学习材料进行的不同处理水平，提出了深度学习这一概念的雏形。在他们的实验研究中，处于深度学习的学生能够从整体上去理解学习材料的意义。这意味着，深度学习是一个知识结构化的学习过程。美国深度学习与 21 世纪技能界定委员会（Committee on Defining Deeper Learning and 21st Century Skills）将深度学习界定为“学习者能够将在一种情境中学到的知识运用到另一种新的情境中的过程”，即深度学习是一种迁移旧学至新情境的过程。国内学者何玲和黎加厚教授则提出了更为综合性的观点，认为“深度学习是指在理解学习的基础上，学习者能够批判性地学习新的思想和事实，并将它们融入原有的认知结构中，能够在众多思想间进行联系，并能够将已有的知识迁移到新的情境中，作出决策和解决问题的学习”。刘月霞和郭华教授将教师的主导作用和学生的主体作用相结合，强调“所谓深度学习，就是指在教师引领下，学生围绕着具有挑战性的学习主题，全身心积极参与、体验成功、获得发展的有意义的学习过程”。

其二，从学生学习结果角度进行解读，主要关注学生深度学习之后能够形成的能力和素养等方面。美国研究协会（American Institutes for Research）在“深度学习研究”（Study of Deeper Learning）实验项目的总结报告中将深度学习定义为学生应形成的一系列能力的组合，包括对学科核心内容的理解能力、将这种理解迁移应用于新情境和新问题中的能力，以及人际交往能力和自省能力等。迈克尔·富兰（Michael Fullan）和玛丽亚·兰沃希（Maria Langworthy）认为“深度学习的目标是：使学生获得成为一个具有创造力的、与人关联的、参与合作的终生问题解决者的能力和倾向，而且能够使其成为一个健康全面的人，创造和贡献于这个知识型的、创新且互相依存的世界”。郭元祥教授主张“无论是哪种学习方式，只要能引起学生在认知、情感、技能等方面发生系统的变化，学科核心素养和关键能力得到整体提升，就能称之为深度学习”。钟启泉教授也曾发表过类似的观点，认为“所谓‘深度学习’无非是指培育儿童的素质与能力所必需的学习方式”。

新课标中虽有 7 处言及深度学习，但并未具体阐述其内涵。从新课标的表述来看，深度学习不仅体现学生学习历史的过程，而且反映学生学习历史的结果，是过程和结果的统一体。例如，新课标“建议通过对课程内容的整合，引导学生深度学习，促进学生带着问题意识和证据意识在新情境下对历史进行探索，拓展其历史认识的广度和深度”。再如，新课标提出“可以运用网络环境下的深度学习方式，引导学生充分运用网络技术及资源，进行自主探究学习，使学习活动从表层走向深层，使学习过程从封闭走向开放，并由此促进学生多方面的素养得到发展”。

一些研究学者和一线教师对深度学习作出了更加详尽的解读，丰富了历史学科深度学习的内涵。陈志刚和王本涛教授提出“深度学习不是深度知识的学习，而是高层次技能养成的学习。简单地说，历史学科深度学习的情形表现是：学生在学习历史时，尝试把前面学习到的知识、技能迁移运用到本节课的学习中，去分析、评价某个历史现象或问题；在解决问题的过程中，通过合作、探究学习方式，加深对某一问题的理解，获得新的知识与技能，并尝试把获得的知识、技能迁移到下节课的学习中，继续获得新的知识、技能”。李月琴教授强调深度学习是“在教师引领下，学生围绕中外重大历史事件、历史人物和历史现象中的学习主题，运用历史思维和历史学习方式，把握历史学科本质、逻辑、思想和方法，形成具有历史学科核心素养的学习过程”。李惠军老师认为“历史学科深度学习系指在教师导引和素养目标统摄下，在引领性学习主题和挑战性学习任务驱动下具有思辨性和探究性的学习活动。它需要创设开放性的学习环境、动态性的过程调控、反思性的策略改进和持续性的测量评价”。

从以上所述不难看出，历史学科深度学习的内涵与历史学科核心素养的培养理念是相契合的，实现学生历史学科的深度学习便是指向了学生历史学科核心素养的形成。换言之，深度学习是培养和提高学生历史学科核心素养的重要途径，能够有效地培养和提高学生历史学科核心素养的学习都可谓是深度学习。

第二章

珠海市高中历史深度学习的现状调查与理论构建

第一节　珠海市高中历史深度学习的现状与问题

为了全面了解珠海市高中历史教学在深度学习方面的现状和相关问题，在有关专家的指导下，我们借鉴了莎娜·皮普斯（Shanna Peeples）有关深度学习的理论和罗伯特·马扎诺（Robert Marzano）等人新修订的教育目标分类学，基于学生的学习认知过程，确定将知识构建、思维能力、问题解决、交流沟通、协同合作、元认知、学习动机等7个项目作为观测点，并结合历史学科的特征，编制出珠海市高中生关于深度学习的问卷调查表（见下表）。

表 2-1-1　珠海市高中生关于深度学习的问卷调查表

观测点	观测内容
知识构建	1. 我对历史概念和历史知识的学习基本上以理解为主，很少死记硬背 2. 在学习新的历史知识过程中，我会主动把新知识和已学过的相关旧知识建立起联系（空间上的横向联系和时间上的纵向联系） 3. 我能把新旧的历史知识以某种形式（笔记、思维导图等）表达出来 4. 我会在课后利用各种资源（网络资源、博物馆资源等）拓展上课所学的内容 5. 上历史新课之前，我会主动预习 6. 我能够发现老师课堂上所讲的历史知识与自己课外阅读存在一定的差异，并试图去探究这种差异
思维能力	7. 当新学的历史知识和之前所学的知识存在冲突或有矛盾时，我会主动找老师或同学探讨相关问题 8. 当我的观点和老师的观点不一致时，我会主动和老师探讨观点的分歧之处，并客观地分析观点 9. 我会尝试对有相同性质的知识点进行归纳整理，以便更好地理解历史知识点之间的内在联系与区别 10. 在历史学习过程中，我尝试融合其他学科（语文、物理、生物等）的方法或者观点，来解答特定的历史问题

（续表）

观测点	观测内容
问题解决	11. 我能够在生活中发现相关的历史学习资源，并能够筛选出对自己有用的学习信息，用以解答相关的历史问题 12. 我能灵活运用所学过的历史知识，对相关的历史文物或历史文献进行初步的解读 13. 我能对老师在历史课堂上讲过的知识点旁触类通，并借助相关的历史概念或者历史规律解答现实中的某些现象或某些问题 14. 对于同一个历史题目，我尝试运用不同方法和角度去进行解释，并试图找到最接近历史原貌的解释
交流沟通	15. 在课堂讨论中，我能清楚表达自己的想法和感受，并且做到史论结合，让别人愿意倾听和接受我的观点 16. 我经常与同学进行学习讨论，并能找到同学观点的合理之处 17. 我喜欢在与他人讨论的过程中发表自己的观点，并且欢迎别人对自己的观点进行补充和批判
协同合作	18. 在互动教学中，我能成功地与其他人合作完成学习任务 19. 在互动过程中，我能帮助其他同学找到不同的角度与方法，去解释相关的历史概念和历史现象 20. 我能将小组内的各种观点综合统一起来，形成一份小组成员都能接受的观点
元认知	21. 我会主动地对我的学习方法、学习效果等进行评估，并反思自己怎样做才更好 22. 在历史学习过程中，我有自己的学习策略和方法 23. 我能够采取相应的措施改善自己历史学习过程中的不足
学习动机	24. 我对历史学习内容很感兴趣，学习历史的内在驱动力来自于我对历史的兴趣 25. 我通常需要在老师或者父母的督促下才会学习历史

我们选择了珠海市第一中学、珠海市实验中学和珠海市斗门区和风中学作为观测样本，这三所学校分别代表了区域优质学校、区域中等学校和区域薄弱学校。在三所学校里随机抽取 12 个教学班，采用不记名方式，向其发放调查问卷，总共发放 586 份调查问卷，回收有效问卷 586 份，有效率 100%，问卷调查结果具有一定的代表性。

依据上述调查问卷，我们借助相关的数据统计软件，分别对相关的观测点进行详细的统计分析，得出相关的统计结果（见表 2–1–2）：

表 2-1-2　珠海高中学生知识构建能力调查统计表

观测内容序号	符合	基本符合	不符合	不确定
1	23.5%	27.9%	40.9%	7.7%
2	17.0%	22.3%	50.5%	10.2%
3	25.4%	25.7%	43.5%	5.4%
4	18.7%	23.6%	50.9%	6.8%
5	32.8%	24.9%	34.2%	8.1%
6	1.4%	2.9%	83.4%	12.3%

由表 2-1-2 的统计结果可知，在知识构建的观测点下，虽然有部分学生对历史概念和历史知识的学习以理解为主，依旧有 40.9% 学生选择传统的死记硬背的机械性学习方式；而在新旧知识的联系学习，利用各种学习资源拓展学习内容并主动去探究相关的历史问题这些方面，分别只有 17.0%、18.7% 的珠海学生会主动去完成，且有部分学生表示不知道该如何去完成上述学习活动。因此，从整体的统计结果来看，珠海的高中学生在历史知识学习上虽然具备一定的知识构建能力，但整体处在一个比较低层次的水平之中。

表 2-1-3　珠海高中学生思维能力调查统计表

观测内容序号	符合	基本符合	不符合	不确定
7	20.4%	18.6%	47.9%	13.1%
8	25.1%	26.3%	37.6%	11.0%
9	26.4%	23.2%	47.5%	2.9%
10	10.4%	14.2%	67.1%	8.3%

思维能力的调查统计结构显示，39% 的学生会在新旧知识产生冲突的情况下，主动与老师及同学探讨相关问题，从对部分学生的随机访谈结果来看，很多学生表示，他们并没有充裕的时间开展课外阅读或课外学习，因此关于课本与课外读物的矛盾点也就无从说起；而当自己的观点和老师的观点或者教材的观点不一致时，绝大部分学生都表示愿意接受教材的观

点或老师的观点。另外，接近 50% 的学生认为，梳理和归纳知识点的任务应该由老师来完成而不是自己来完成。从调查结果来看，绝大部分学生在思维构建方面还是倾向于被动，主动权依旧掌握在老师手中，学生的问题意识不强，当观点不一致或存在冲突时，学生更倾向于妥协，说明学生在高阶思维能力和思维构建方面还有待进一步提高。

表 2-1-4　珠海高中学生问题解决能力调查统计表

观测内容序号	符合	基本符合	不符合	不确定
11	13.8%	23.3%	54.7%	8.2%
12	27.2%	28.6%	32.9%	11.3%
13	11.6%	13.2%	71.9%	3.3%
14	10.2%	14.7%	69.2%	5.9%

在问题解决这个观测指标下，只有 13.8% 的学生表示能够主动去发现相关的历史学习资源，并能够筛选出有用的学习信息，用以解答相关的历史问题，超过一半的学生并未表现出这种主动学习的意识；有 55.8% 的学生表示能运用所学过的历史知识，对相关的历史文物或历史文献进行初步的解读，但依旧有 32.9% 的学生表示没有办法达到该要求；而 71.9% 的学生无法对老师在历史课堂上讲过的知识点旁触类通，并借助相关的历史概念或者历史规律解答现实中的某些现象或某些问题；69.2% 的学生表示，未能运用不同方法和角度去进行解释统一历史问题，并试图找到最接近历史原貌的解释。从以上调查结果来看，珠海的高中生能运用历史知识解答一些基本问题，而解决问题的高阶能力欠缺，其解决问题的能力水平仍有待提高。

表 2-1-5　珠海高中学生交流协作能力调查统计表

观测内容序号	符合	基本符合	不符合	不确定
15	15.8%	22.1%	50.8%	11.3%
16	27.3%	23.4%	46.8%	2.5%
17	25.5%	16.7%	45.7%	12.1%

（续表）

观测内容序号	符合	基本符合	不符合	不确定
18	24.9%	26.4%	40.9%	7.8%
19	14.5%	22.7%	56.3%	6.5%
20	15.5%	19.4%	48.8%	16.3%

在交流协作能力方面，仅有 15.8% 的学生表示能在课堂讨论中，清楚表达自己的想法和感受，并且做到史论结合；超过 50% 的学生表示自己达不到该项观测要求；有 27.3% 的学生表示自己经常与同学进行学习讨论，并能找到同学观点的合理之处，46.8% 的学生表示自己达不到该项观测要求；有 56.3% 的学生表示，自己无法帮助其他同学找到不同的角度与方法去开展相关的互动。总体而言，由于课堂教学模式的限制等现实因素，珠海的高中生在课堂上的交流协作能力表现一般，尤其是在自我表达、倾听观点、团队协力等方面，仍有待进一步提高。

表 2-1-6　珠海高中学生元认知及学习动机调查统计表

观测内容序号	符合	基本符合	不符合	不确定
21	17.9%	21.2%	53.3%	7.8%
22	28.6%	22.4%	32.8%	16.2%
23	13.7%	11.5%	66.6%	8.2%
24	29.2%	25.6%	42.0%	3.2%
25	27.7%	36.8%	23.5%	12.5%

在元认知领域，有 53.3% 的学生不会主动对自己的学习方法、学习效果等进行评估，也不会主动去反思自己的学习；有 66.6% 的学生表示不知道该如何采取相应的措施来改善自己学习过程中的不足。由此看来，学生对于历史学习的元认知依旧处在低层次的被动学习状态之中，也不会主动去反思自己的学习策略和学习效果，导致学生的历史学习始终在一种低水平的发展层级中徘徊。

学生的学习效能及状态还可从其学习动机的调查结果窥见一斑。有 42.0% 的学生表示自己对历史学习的内容并不感兴趣，64.5% 的学生表示自己需要在父母及老师的督促下才会去学习历史。由此看来，学生的学习动机也处在一种低效状态，对于学生开展历史的深度学习极为不利。

除了学生，我们同样在珠海的高中历史教师中开展相关的问卷调查，以期能全面了解珠海市高中历史的深度学习现状。我们借鉴了日本学者小林毅的教师发展理论，结合教师的教学能力及层级要求，确定了教学理念、教学准备、教学设计、教学管理和教学认知等5个观测点，并据此编制出珠海高中历史教师关于深度学习的问卷调查表（表2-1-7）。

表 2-1-7　珠海高中历史教师关于深度学习的问卷调查表

观测点	观测内容
教学理念	1. 我对深度教学的教学理论很感兴趣，并希望在日常教学中能广泛使用 2. 我认为深度教学是适当地加大教学的难度，把教学重难点反复讲清楚 3. 我认为深度教学是拓宽知识的广度，对相关知识进行大量补充 4. 我认为深度教学是依据教师对历史知识的理解以及学生学情的了解，对历史知识的深入剖析和二次加工
教学准备	5. 在课前，我往往会先了解学生的具体学情 6. 出于教学整体性的考虑，我基本上会照顾到任教班级的实际情况，但很少考虑到个别学生的实际情况 7. 课前我会认真阅读高中历史课标、课本和教师参考用书 8. 我能精准地把握历史核心素养的内涵及水平划分，并在教学目标中很好地体现出来
教学设计	9. 在开展教学设计时，我一般会直接参考课标，设计重点难点 10. 我会根据实际的教学需要，对教材内容进行二次加工 11. 我会在教学设计中适当地把一节课的知识与单元的知识联系起来，帮助学生构建知识网络 12. 我会适当地提供相关材料给学生阅读讨论，并设计相关的活动环节，引导学生进行深入思考 13. 我会注重有效问题的设计，学生对我设计的问题很感兴趣
教学管理	14. 课堂上，我会随时随地观察学生的上课状态和课堂表现 15. 在课堂教学中，我会适当调动学生，注重与学生之间的互动 16. 学生互动的过程中出现偏差，我会适当地进行调整和掌控 17. 面对学生各种各样的提问，我会鼓励其他学生进行恰当的回应

（续表）

观测点	观测内容
教学认知	18. 开展深度教学最大的阻碍来自于教学时间严重不足 19. 升学率、家长以及社会的关注让我必须优先保证学生的成绩，不敢轻易开展这方面的尝试 20. 知识的碎片化和对教材的把握不足让深度教学难以开展 21. 学生学习历史的动机偏重于功利化，不喜欢与我互动，难以开展深度教学 22. 开展深度教学有助于学生综合素质和历史核心素养的全面提高

该调查问卷面向全体珠海市高中历史教师发放，一共发放了 125 份，共回收有效问卷 125 份，该问卷调查具有代表性。借助相关的数据分析软件，我们对历史老师的问卷调查结果进行统计分析，结果如表 2–1–8 至表 2–1–11 所示。

表 2–1–8　珠海高中历史教师教学理念及教学准备调查统计表

观测内容序号	符合	基本符合	不符合	不确定
1	23.4%	26.7%	30.7%	19.2%
2	14.5%	19.2%	37.5%	28.8%
3	22.9%	24.6%	25.8%	27.6%
4	33.2%	37.1%	16.3%	13.4%
5	36.4%	32.7%	27.1%	3.8%
6	27.3%	26.2%	31.8%	14.7%
7	32.6%	44.1%	21.2%	2.1%
8	28.2%	27.7%	36.0%	8.1%

如表 2–1–8 所示，在教学理念这个观测点中，超过 50% 的历史教师对深度学习的相关理论持拥抱态度，并希望能够在日常教学中实践深度学习的理论，但限于自身的理论学习的渠道和条件，大部分老师对于深度学习的相关理论和内涵认识不清，导致在具体的教学实践中出现了根本的方向性偏差。由此可见，珠海高中历史教师在教学理论学习方面仍有待加强。

在教学准备这个观测点中，69.1% 的历史老师都能做到在课前先了解学生的具体学情，53.5% 的历史老师虽然都能够照顾到任教班级的实际情况，但很少考虑到个别学生的实际情况；在备课环节，大部分历史教师基本都会认真阅读高中历史课标、课本和教师参考用书，能够精准地把握历史核心素养的内涵及水平划分，并在教学目标中很好地体现出来。珠海高中历史老师虽然在教学准备方面表现尚可，但在对学生的学情把握意识方面仍有待提高。

表 2-1-9 珠海高中历史教师教学设计能力调查统计表

观测内容序号	符合	基本符合	不符合	不确定
9	47.4%	36.8%	12.6%	3.2%
10	12.4%	15.6%	54.7%	17.3%
11	16.2%	23.1%	42.3%	18.4%
12	27.5%	31.7%	21.9%	18.9%
13	29.2%	23.6%	29.1%	18.1%

在教学设计能力方面，84.2% 的历史老师都能围绕课标，找到教学内容的重难点，展开教学设计；但只有 28% 的历史老师会根据实际的教学需要，对教材内容进行二次加工，大部分老师还是按照传统的教学设计模式来展开教学。在设计意识上，有 39.3% 的历史老师会站在大单元的整体高度，把一节课的知识与单元的知识联系起来，帮助学生构建知识网络；59.2% 的历史教师能适当地提供相关材料给学生阅读讨论，并设计相关的活动环节，引导学生进行深入思考；52.8% 的历史老师较为重视有效问题的设计。从调查统计的结果来看，珠海高中历史教师的教学设计能力总体而言处在中等水平，但若要全面开展深度教学，仍然有很长一段路要走。

表 2-1-10 珠海高中历史教师管理能力调查统计表

观测内容序号	符合	基本符合	不符合	不确定
14	12.5%	21.2%	52.2%	14.1%
15	21.3%	22.4%	47.6%	8.7%
16	25.6%	27.2%	34.6%	12.6%

（续表）

观测内容序号	符合	基本符合	不符合	不确定
17	10.2%	11.4%	65.3%	13.1%

在教学管理层面，超过50%的老师无法随时随地观察学生的上课状态和课堂表现；47.6%的老师不会在课堂教学中调动学生，也不重视与学生之间的互动；65.3%的老师表示，面对学生各种各样的提问，他们并不鼓励其他学生进行恰当的回应。从调查的结果来看，珠海高中历史老师在课堂上对学生的学习状态及心理变化的关注不够，与学生的互动稍显不足。

表2-1-11　珠海高中历史教师教学认知能力调查统计表

观测内容序号	符合	基本符合	不符合	不确定
18	42.1%	38.7%	6.8%	12.4%
19	41.0%	26.7%	25.8%	6.5%
20	38.7%	24.3%	32.8%	4.2%
21	42.7%	28.9%	23.9%	4.5%
22	47.9%	17.6%	1.5%	3.3%

从教师的本身角度出发，有70.8%的历史老师认为，开展深度教学最大的阻碍来自于教学时间严重不足；高达67.7%的老师认为，升学率、家长以及社会的关注，迫使其必须优先保证学生的成绩，不敢轻易开展这方面的尝试，只有25.8%的老师表示愿意开展关于深度教学的尝试；高达63.0%的老师认为，知识的碎片化和对教材的把握不足让深度教学难以开展；有62.0%的老师认为，学生学习历史的动机偏重于功利化是难以开展深度教学的重要因素之一。由此看来，来自于外部环境的压力，诸如教学时间与教学任务之间的冲突、家长及社会的关注等，也成为深度教学迟迟无法深入开展的“拦路虎”。

由上述对学生和教师的问卷调查的统计结果来看，珠海市的高中历史教学在推进深度教学方面，存在着诸多问题：

第一，从整体上而言，珠海的高中学生在整体认知领域方面的表现水平较为一般。在知识构建领域，学生依旧对历史概念和历史知识采取传统的机械记忆学习方式，对于历史知识的学习仍然停留在浅层次；在思维构建方面，学生的思维构建能力一般，缺乏主动将新旧知识联系起来的意识和能力，在课堂上也不会主动去探究学习上存在的认知差异和认知冲突，且缺乏必要的引导将学生的学习导向深层次；学生缺乏必要的反思与内省能力，且对历史知识的迁移应用能力较弱，不能融合其他学科知识或者观点，去解答相关的现实问题。

第二，学生在学习上缺乏积极性和主动性。从问卷调查的结果来看，珠海的高中生对于学习历史的兴趣表现较为一般，学生学习历史的驱动力并非源自本身，而是受到外部因素的影响，例如出于高考选科的考虑，亦或是来自父母和老师的督促，这就导致学生在学习上缺乏必要的兴趣和动力，学习历史是出于现实或功利性目的，而非自我对历史学科的价值认同。在这种情况下，学生学习历史大多是被动的而非主动的，这就影响了学生在课堂上的一系列学习表现：学生在课堂上只会被动去接受知识，而不会积极主动去和他人互动探讨，不会主动去表达自我的观点，更不会积极主动去思考相关的历史问题，课堂参与度很低，课堂学习表现一般，大多数时候学生的注意力和精力无法很好地集中，导致课堂教学效果大打折扣，更遑论实现对学生思维和能力有一定要求的深度学习。

第三，学生对历史学科的认识和定位存在一定的偏差。很长一段时间，珠海的初中历史学科并未列入中考计分科目，而是将其列为等级考察科目，因此，学生从初中时代开始，就将历史学科定位为“小科”“非考试科目”等，对历史学科的重视程度长期不足。尽管新高考方案已经在珠海全面铺开，历史已经作为高考的两个必选科目之一，但从我们走访的结果来看，学生对于历史学科的重视程度依旧不足。高中生面临着高考压力，他们课业繁重，时间和精力有限，更愿意把为数不多的课外时间分配给语文、数学、英语、物理等传统“大科目”。因此，学生真正投入到历史学科的时间和精力是少之又少的，课前很少花时间去预习，学生在历史学习上也仅满足于掌握基础知识，学习目标不明确；课余时间不会花费时间和通过相关的途径去拓宽自己的历史视野，也不会花费时间和精力去复习、总结学过的知识，不会去进行必要的总结和反思，而仅仅是依赖于教师课堂的40分钟教学。也有部分学生在学习历史的方法上存在偏差，一味地沉迷于做题，忽视了历史知识体系的构建。以上现象，无疑都在阻碍将历史教学导向深度学习。

第四，教师对深度教学的内涵和策略认识不足。从历史教师的角度出发，尽管很多历史教师对开展深度教学表示很感兴趣，并且希望能在日常的教学中广泛使用，但在实际调查中，我们发现历史教师对于深度教学的内涵理解存在一定的偏差。在日常教学实践中，教师往往会遇到种种困难或阻碍，例如深度教学的教学内容与教学时间安排之间存在一定的矛盾，深度教学的循序渐进性与短期内教学成绩要求之间的矛盾；等等。由于找不到相应的解决策略或者措施，教师被迫中断深度教学的实践，这是非常可惜的。

第五，教师的专业素养和专业能力还有待进一步提升。表现为：在理论素养方面，教师关于深度学习的理论学习不足，对深度学习的概念和外延界定不清，无法科学、合理地将深度学习的相关理论外化为具体的教学实践；在教学实践方面，教师对于历史学科的定位和认识、对于学生具体学情的了解和把握、对于课标和教学的内容的解读、对于学习任务的设计、对于学生学习进度的管理和调整等能力，还亟待提高。

第二节　珠海市高中历史深度学习的影响因素分析

从上述调查结果来看，珠海市在高中历史推进深度学习上的效果并不理想，其影响因素也是多方面的。下面拟从教师的角度和学生的角度分别探讨这一问题，分析珠海市高中历史深度学习的影响因素。

一、影响历史教师开展深度教学的因素分析

1. 专业意识

毫无疑问，教师的专业意识会影响到其所主导的历史课堂的开展形式和教学定位。在走访调查的过程中，我们发现大部分历史教师还停留在传统的教育理念上。对于师生之间的关系和定位的认识，会直接体现在历史教师的教学环节设计之中。历史教师的专业意识，主要体现在以下几个

方面：

第一，对师生关系的定位。在新课改全面推进的背景下，传统的师生关系正在悄然变更，学生在课堂上的主体地位逐渐凸显，“以生为本”“把课堂还给学生”的呼声越来越高，而教师的传统地位也在逐渐发生变化。加上在信息时代，学生可以通过各种信息技术获取海量资讯，并且还可以在各种数字社区进行相关的交流，这也就意味着学生的学习渠道增多了，学生可以通过各种方式来获取知识，课堂教学只是他们获取历史知识的一个渠道，在信息时代的冲击下，已经有了独立意识的高中生对传统的师生观也有自我的认识。如果教师还一味地以传统的师生观来定位历史课堂的师生关系，学生的积极性和主体性将无法被激活，课堂教学的效率也无法提高，甚至在某些情况下还会引发师生之间的紧张和对立，无论何种情况，对于学生的深度学习而言都是“拦路虎”。也正因为此，教师需要适应时代的变化和全新人才培育的要求，重新审视新课改背景下的师生关系，重新定位历史课堂上的师生关系，要充分意识到学生才是课堂的学习主体，教师在课堂教学过程中应该扮演“引导者”的角色。唯有如此，才能使课堂的师生关系定位顺应时代发展的要求，营造和谐高效的课堂氛围；教师依据全新的师生观，才能设计出符合学生学习需求的教学活动，促使学生走向深度学习。

第二，对学科潜在价值的挖掘。正如有学者所指出的，“教师深刻理解本学科独特的育人价值、理解学科的核心素养的内涵，是实现深度学习的关键基础”。因此，教师能否挖掘出学科的潜在价值，关系到学生的学科核心素养能否落地，成为学生能否实现深度学习的另一关键因素。具体到历史学科，即教师要结合历史学科的相关教学内容，深入挖掘其潜在的育人价值，例如《中外历史纲要（下）》关于近代中国涌现出来的一批民族英雄和革命志士等内容，具有极高的育人价值，教师在课堂教学过程中，是否有对其进行深入挖掘，帮助学生深刻意识到个人与国家、民族的全面关系，凸显历史学科的德育属性，进而达成深度学习的教学目标；同时，在日常的教学中，教师要有意识地将历史学科的五大核心素养自然融入教学环节和学习任务之中，在潜移默化之中渗透进学生的学习，达成核心素养的落实，拓宽学生的视野，培养学生全方位的综合能力，使其感受到中华优秀传统文化的魅力，并在此基础上逐步强化学生的国家认同意识，进而达成深度学习的目的。

第三，对教学内容的认识和解读。在走访珠海的高中师生的过程中，我们发现很多历史教师对于深度学习的看法就是简单地认为加大学习内容的难度。不可否认该观点具有一定的合理性，但单纯以“加大学习内容的难度”来度量深度学习，颇有以偏概全之嫌。而这种观点具有一定的普遍性和代表性，它背后所折射出来的是历史教师对于教学内容的认识和解读不到位，或者出现了偏差。深度学习所要做的，并非简单地增加学习内容的难度，它更多的是聚焦学科的本质和学科的方法，注重学生思维的激发与引导，培育学生的学科能力，从而帮助学生能够深刻地理解学科的本原追求，实现学科育人价值和学科核心素养的提升，这才是对深度学习内涵的深刻理解。

那么，历史教师如何实现从整体上把握历史学科的特性，从而能够实现对以上深度学习内涵的深刻理解？这就要求历史教师要具备一定的大局观意识和整体意识，能够站在社会历史发展和学科育人价值双重融合的高度，全面、细致、到位地去深入解读《普通高中历史课程标准（2017年版2020年修订）》和历史教材（包括教师用书在内），包括历史学科的课程理念、课程目标、课程结构、课程内容、教学建议等，全方位地理解历史学科的育人价值点所在，明确历史学科的育人理念、育人特点、育人方法，以及如何基于学生开展多元化的教学评价，等等，从而能够从整体上把握学科的育人逻辑和教学逻辑，高屋建瓴，对历史学科的教学内容有一个全景式的认识，能够进行整体性的规划，做到重难点突出，并且大胆地进行取舍，系统性地整合相关的历史知识，提炼出重要的历史核心概念，从而能够有效地围绕相关的学习任务和教学环节，选取恰当的教学方法和教学策略，培育学生的学科能力，落实学生的学科核心素养，从而引领学生走向深度学习。

2. 学情把握

课堂教学的主体是学生，教师要走近学生、贴近学生，了解学生的具体学情，站在学生的角度，去了解学生的知识结构和认知层级，去了解学生的学习规律和学习习惯，对学生的学习状况有科学、全面的认识，从学生的角度来研究教学内容和教学方法，进而找到合适的路径来促进学生的深度学习。因此，教师的课前准备，尤其是全面了解学生的学情，是推进学生深度学习的重要影响因素之一。

从我们走访调查的实际情况来看，珠海的大部分历史教师在课前也会依据学生的学情来开展教学设计，但大部分历史教师在授课班级较多，导致他们在备课环节，对于学生的学情了解只停留在浅层次，对于学生的知识和能力认知也停留在整体，故而在备课环节很少留意到学生学情的差异化，在教学设计和教学内容中也并未体现出这种教学差异。这种无差异化的教学只能满足部分学生的需求，而不能覆盖到整体学生。

因此，历史教师在课前准备环节，必须清晰地认识到不同学生之间的差异。只有客观去面对这种个体化的差异，才能够站在学生的角度，去理解他们的学习需求，围绕学生的实际学习需求展开教学设计，体现出学习的分层性和个性化，真正实现因材施教。唯有如此，才能根据不同学生的实际需求，引导学生去积极主动探究历史问题，将学生的思维导向深层和高阶发展，从而达到构建个性化历史知识体系、提高课堂教学效能、实现深度学习的目的。

3. 教学设计能力

教学设计能力是评判一个历史教师专业水平的重要维度之一。虽然我们主张的大概念教学和深度学习主要是生成性的而非设计性的，但一份优秀的教学设计依旧会对课堂教学的导向、学生思维能力的引导、历史学科核心素养的落实产生很大的影响。因此，历史教师的教学设计能力是影响学生深度学习的重要因素之一。

一个历史教师良好的教学设计能力主要包含以下几个二级能力：第一，问题设计能力或教学对话设计能力。历史课堂的教学不是教师的“一言堂”，在教学过程中，需要教师与学生之间通过对话擦出思维的火花，因此，想要启发学生的思维，激发学生的能力，在教学设计中，一个优秀的问题设计或对话设计是必不可少的。优秀的问题设计或对话设计，可以通过不通过层次的问题或者对话逐层深入，将学生的思维和能力导向深度，有利于加深学生对教学内容的理解与掌握，尊重学生的认知规律，通过循序渐进的方式，引导学生进入深度学习的场域之中。第二，知识的勾连能力。教师要站在整体史和大局观的历史高度，找到新旧历史知识之间的联系，通过特定的方式和路径，引导学生去探究和理解新旧历史知识之间的联系，将相关的历史知识勾连起来，从而能够将知识与思维之桥接起来，实现学生的深度学习。第三，整体意识。教师能否站在社会历史发展的高度，基于历史发展的逻辑来展开教学设计？设计的学习任务和相关活动应充分考虑到不同学生的实际学情，满足不同学生个性化学习的需求，所设计的学习任务和环节应最大程度地将学生的学习积极性调动起来。第四，在教学环节中为学生创设相关的教学情境的能力。教师应帮助学生能够从浅层次的知识理解向深层次的思维发展过渡，提高历史课堂的教学质量，进而帮助学生实现深度学习。

4. 教学管理能力

在历史教学中，有很多内容需要学生进行深层次的思考与解释，但学生的知识与能力可能无法一下子达到相关的要求，教师需要扮演“引导者”的角色，适当地介入和干预学生的学习过程，这就对历史教师的课堂教学管理能力提出一定的要求。历史教师对课堂教学的管理能力，主要体现在两个方面：

第一，对课堂教学的介入和掌控。教师对课堂教学的介入和掌控，很大程度上体现了教师对这一节课的理解和认识，哪一教学环节是重点和关键，需要教师适当地进行引导和点拨。教师能够恰到好处地进行课堂教学管理，保证课堂教学的流畅度和效能度，有利于学生按照预定的教学目标，在完成相关的学习任务的过程中建立相应的历史知识体系，进而在教师的介入和引导下，关注到知识体系之间的连接点，学会深入思考，能够深入理解历史知识，但不局限于历史知识，多角度提升学生利用历史知识解决现实问题的能力，最终能够发挥相关历史知识对现实生活的镜鉴作用。

第二，对学生的关注和引导。高中学生正处在感性思维向理性思维过渡的重要时期，且是人生观和世界观的塑成期，学生的身心和认知特别容易受到外界的影响。教师是学生在学校接触最多的人，因此，教师的引导对学生而言尤为重要。结合历史学科的人文属性和德育属性，教师在课堂上能否适当地关注和引导学生，将会直接影响到学生的学习状态。适当的引导，有助于学生摆脱浅层次的机械学习，进阶式地进入深度学习，实现由知识层面向思维层面和情感层面的过渡，实现历史核心素养的自然渗透，培养学生理解优秀传统文化和吸收世界不同先进文化的意识，健全学生的人格品质，落实历史教学立德树人的根本育人任务。

二、影响学生开展深度学习的因素分析

1. 学习意识

《普通高中课程方案（2017 版）》中对学生的学习能力提出了明确的要求："具有强烈的好奇心、积极的学习态度和浓厚的学习兴趣。能够自主学习，独立思考，形成良好的学习习惯和适合自身的学习方法。"因而，具备良好的学习习惯和主动的学习意识是高中生必备的基本学习品质之一。然而，由于学生的自控能力、学业压力等问题，以及家庭、社会对历史学科的关注度，学科定位等问题，学生对历史学科的重视程度以及学习的积极主动性远远不够。就我们所走访调查的学生来看，大多数学生对于历史学科是不重视的，仍然处在被动学习的状态。在课前，很少有学生愿意积极去预习；课堂上，学生被动地接受知识，不会主动去思考相关问题，而是过度依赖老师的讲解和机械的记忆；在课后，也鲜有学生会主动去复习，上述现象导致了学生的历史学习长期处在低效能的状态之中。

即便是课后，学生也很少会花时间在历史学习上。问卷调查结果显示，很少学生会主动开展和历史有关的课外阅读，不会主动去观看历史题材的纪录片，也很少会去参观相关的历史主题博物馆，这就导致了学生的历史知识来源单一，基本上来自于课堂上的学习和老师的讲解，长此以往，学生的知识结构和视野都会受限，思维往往会陷于僵化，这对于历史学科核心素养的培育和学生深度学习的开展都是极为不利的。

因此，学习意识是学生持续开展深度学习的内在驱动力之一。学生只有培养良好的学习意识，愿意积极主动去探索相关的历史问题，将对历史问题的探索化为自身学习历史的内在驱动力之一，才能拓宽自己的思维，提升自己的能力，从多元化的角度去理解社会历史发展的规律，找到历史和现实之间的桥梁，创新性地运用历史知识去解答现实中的问题和困惑，由孤立的、被动的、机械的学习意识走向多元的、积极的、创新的学习意

识，整体推进深度学习。

2. 学习动机

学生的学习动机也是影响深度学习开展的重要因素之一。影响学生的学习动机的因素是多方面的，主要来源于学生对历史学科的认识和定位，以及家长、老师的影响。从我们调查走访的情况来看，很多学生对于历史学科的学习动机并不强烈，很多学生学习历史的动机大多带有功利性，并非对历史学科感兴趣，而是由于高中历史选课的限制，或是出于未来升入大学选专业的考虑（有部分学生希望报考艺术类和体育类的专业），甚至有部分同学是由于父母的意愿或者老师的建议才学习历史。作为学生，出现这样的学习动机无可厚非，然而学生不能在这种并不强烈的学习动机之下找到历史学习的真正意义和价值。学生的学习动机是为了应付高考，自然在学习内容和学习方法的选择上有所倾向，带着这样的学习动机来学习历史，导致学生无法找到自己学习历史的兴趣点，很难去进行创造性的探究和个性化的学习，自然也无法进行持续性的、主动性的深度学习。

3. 学习体验

通过问卷调查和实地走访，我们发现，长期以来，珠海的学生习惯了传统教学模式下的被动学习，并未养成良好的学习习惯和学习意识，而很多历史教师也未扭转传统的教学理念，依旧恪守传统的“一言堂”“满堂灌”的教学模式，老师与学生在课堂上未形成良好课堂应有的向心合力。相反，学生可能会对这样的课堂产生厌倦乃至抗拒，与教师背道而驰，形成“阻滞倾向”的现象，即双方在教学过程中未能互相促进。在这种传统教学的模式下，学生无法获得特定的学习体验，自然对教学内容意兴阑珊，兴致不高，只会被动地去接受和学习，对所学的知识一知半解，更遑论通过学习实现能力和素养的双重提升。而教师也无法从学生处得到应有的教学体验，缺乏教学的内在驱动力，课堂教学的效率自然低下。

因此，为学生创设良好的历史学习场域，提高学生的历史学习体验，彻底激发学生的学习兴趣，显得尤为重要。良好的历史学习场域，不仅可以让学生最大程度消除由于师生身份差异所带来的各种不利于学习的心理因素，还可以迅速地将学生带入特定的历史时空，让学生重回历史现场，将特定的历史事件置于特定的历史时空之中进行学习和解读，让学生能够充分感受到历史的魅力与价值，体验到历史伟人的精神与情怀，并且能在获得良好的学习体验的情况下，积极主动地去合作、发现、探索，突破传统历史课堂学习的桎梏，有助于学生的历史思维的形成性训练和学生对教学内容的深入理解，构建属于学生自己的历史知识网络。

4. 思维能力

正如著名教育家苏霍姆林斯基所说的，“用记忆替代思考，用背诵替代对现象本质的清晰理解和观察——是一大陋习，能使孩子变得迟钝，到头来会使他丧失学习的愿望。”思考和思维能力也是高中生必备的基本学习能力之一。事实上，高中的历史教学，不管是聚焦知识、聚焦问题，还是聚焦学生的学习任务，其最终的核心都指向学生的思维能力发展。

所以，隐藏在高中历史教学中有一条重要的主线，即“思维外显”的过程。遗憾的是，在我们所观察到的很多历史课堂教学中，学生“思维外显”的过程并不多见。在历史课堂教学中，常规的知识点讲解和做题训练占据了绝大部分时间，即使有相关的学习任务，在紧张的教学任务压力之下，学生也无法很好地开展互助探究，对于学习内容只能作常规的解读，无法去探究其背后复杂的因素。课堂上也缺乏必要的历史思维训练，学生的思维能力也不能很好地得到外显和提升。

想要真正实现“思维外显”，充分激发学生的思维活力，将学生导向深度学习的场域之中，开放式的、多元化的学习任务是必不可少的。在学生完成学习任务的过程中，他们需要通过不断的联系、比较、讨论、综合、质疑和反思等步骤，在新旧知识之间建立必要的历史联系，用已有的历史知识去解答各种问题，学会去迁移和应用历史知识，这种从“已知”到“未知”的过程，就是“思维外显”的过程。在这个过程中，学生的历史知识是基本条件，而学生的思维能力则是关键的技能。当然，学生思维能力能否得到挖掘，能否外显出来，需要教师进行适当的引导和示范，甚至在必要的时候，思维能力的训练应当成为教学目标的重要组成部分。结合历史学科的特征，在适当的学习任务之中，教师可以示范性地向学生展示历史信息的提取、分析和解释的基本技能，以凸显历史思维过程，逐步达成引导深度学习的目标。

高中历史课程是在初中历史课程的基础上进一步深化，尤其是最新修订的《中外历史纲要》，更加强调了初高中历史课程的内在衔接和联系。这种初高中课程的衔接和联系对学生的思维能力提出了全新的要求，要求学生能够梳理出初中知识和高中知识之间的逻辑联系，并通过这种联系去认识和思考社会历史发展的逻辑，同时也要求学生能够在初中历史知识的基础上，通过必要的思维训练，去拓宽自己的视野，加深对历史现象和历史规律的认识，达成历史学科核心素养的落地，推进深度学习。

当然，通过我们对珠海高中历史课堂的实际观察，除了教师和学生是主要的影响因素，一些客观因素也不容忽视：

首先是社会评价导向。高中不属于义务教育之列，故家长与社会通常以学业质量检测及高考这两大指标来衡量高中的教学。受到这种社会评价因素的影响，高中的历史教学更注重知识点的落实与解题技巧的方法训练，而对于学生思维及能力的培养则普遍反应冷淡。在这种较为普遍的大环境下，珠海市的高中历史教学侧重于历史知识的考察与落实，更注重高考解题方法的训练，从目前高考历史对学生的思维层级与能力要求的水平划分来看，要求并不高，导致学生在学习历史时一味刷题，一味总结各类答题技巧，而忽视了在学习历史时应具备的联系能力、分析与综合能力、批判能力和拓展迁移能力、创新能力等等，从而导致学生历史学科关键能力的缺失，历史核心素养无法很好地贯彻落实。

其次是教学任务与教学时间的安排。我们走访了大部分的珠海高中，发现这些学校高一历史学科普遍只有三个课时（部分学校由于教师队伍配置等问题，只能开设两个课时）。然而，这对于必修一和必修二庞大的教学内容和内涵而言，是远远不足的，加上珠海高中一节课只有40分钟，在教学进度方面有很大压力。而在历史课堂开展深度教学，需要给予学生充足的时间，这与紧张的教学任务安排明显是存在一定抵牾的，因此，在这种普遍的大环境下，想要高质量地推进深度学习，还有很长一段路要走。

第三节　以大概念推进深度学习的理论构想

国务院办公厅印发的《关于新时代推进普通高中育人方式改革的指导意见》中明确指出："培养学生学习能力，促进学生系统掌握各学科基础知识、基本技能、基本方法，培养适应终身发展和社会发展需要的正确价值观念、必备品格和关键能力。积极探索基于情境、问题导向的互动式、启发式、探究式、体验式等课堂教学，注重加强课题研究、项目设计、研究性学习等跨学科综合性教学，认真开展验证性实验和探究性实验教学。"教育部颁布的《普通高中课程方案（2017 年版 2020 年修订）》则明确提出要："重视以学科大概念为核心，使课程内容结构化，以主题为引领，使课程内容情境化，促进学科核心素养的落实。"由此可见，想要全面推进历史教学改革，实现教学方式和教学模式的转变，促进学生能力和素养全面发展，以大概念来推进深度教学，不失为一条有效的实践路径。

目前学界对于大概念众说纷纭，并未形成较为一致的观点，正如文章绪论所指，大概念是学科的"核心"，它们需要被揭示，因此我们必须深入探究，直到抓住这个核心……它们是通过深入探究而得到的来之不易的结果，是各个领域专家的思考和感知问题的方式。大概念是一种概念性的工具，用于强化思维，连接不同的知识片段，是学生具备应用和迁移的能力。大概念可以以各种形式体现——一个词、一个短语、一个句子或者一个问题。基于以上对大概念的阐释，我们将其与历史学科结合起来，构建了一个基于大概念的历史学科知识结构"金字塔"（见图 2-3-1）。

在该知识结构"金字塔"中，"基本概念"作为学科知识结构的基础存在，在此基础上，可以逐渐深入概括或总结出历史学科核心概念，并进而认识到社会历史发展规律。在这一学习过程中，学生的历史核心素养和历史学科关键能力在逐步得到提高，进而能够实现历史学科的知识应用迁移以及学科创新，从而实现历史学科的深度学习。这也是我们认为可以借助大概念来整体推进深度学习的原因。

要实现深度学习，就必须有一个科学严谨的理论框架进行指导。检视诸多关于大概念和深度教学的理论，结合历史学科的学科特征，围绕着

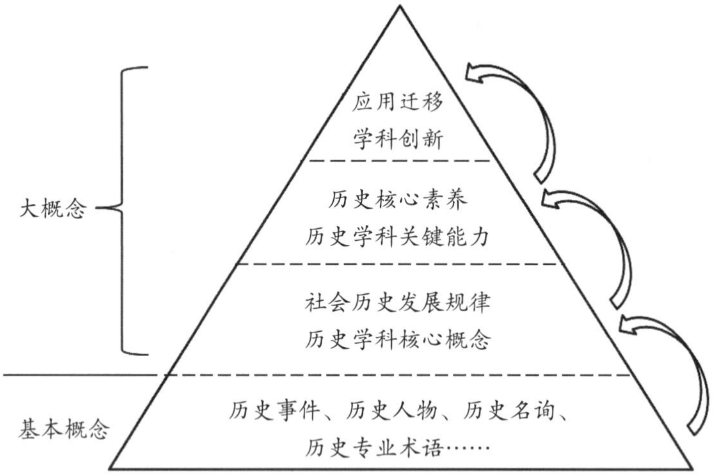

图 2-3-1　基于大概念的历史学科知识结构“金字塔”

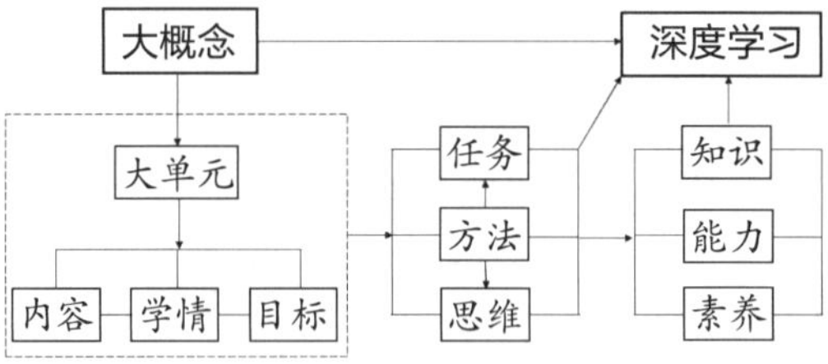

图 2-3-2　基于大概念整体推进深度学习的理论框架

《普通高中历史课程标准（2017 年版 2020 年修订）》中的相关课程理念，基于珠海学生的学情，我们制定出基于大概念整体推进深度学习的理论框架（见图 2-3-2），以期这一理论框架能为推动珠海高中历史的深度学习提供相关的理论指导。

从该理论框架来看，从大概念的大单元内容设计，到具体教学过程的实施，再到知识、能力和素养的提升，是一个环环相扣的过程：基于大概念的大单元内容设计是学生开展深度学习的起点，围绕着大概念教学而开展的具体学习方法是核心要素，教师的学习方法指导可以有力地推动学习任务的顺利开展和学生思维层级的提高，以学习任务作为基本的载体，实现学生知识、能力、素养的全面提升，最终实现深度学习。这一理论框架的具体实践，关键在于教师要科学合理地处理好三个“相结合”的问题。

一、内容、学情、目标相结合

基于大概念的大单元主题内容的确定、教学目标的设计，以及学情的深度考量，是历史教学迈向深度学习的第一步。由于编写体例的缘故，部编版历史教材倾向于简洁的结论式表述，而在日常教学中，教师为了教学需要，往往又会针对相关的知识点进行相关的拓展，这就往往会造成实际的教学过程中，知识点呈现出碎片化的态势。学生如果没有形成主动学习和探究的良好学习习惯，而是安于被动接受，将无法基于教师的碎片化教学构建出完整的历史知识脉络，对于历史现象和历史规律难以从深层次进行把握，对于知识的掌握也就仅仅停留在浅尝辄止的层面，思维难以得到拓展和提高，历史核心素养的落地也就无从谈起。因此，想要通过大概念教学来实现学生的深度学习，教师首先要有意识地将大单元的教学内容、教学目标和学生学情有机结合起来，为接下来大概念教学的具体实践和持续深入推进提供必要的驱动力。

大单元主题内容的确定，对历史教师的专业能力提出了一定的要求。"单元学习主题"是指依据课程标准，围绕学科某一核心内容组织起来的，体现学科知识发展、学科思想与方法深化或认识世界的方式丰富，能够激发学生深度参与学习活动、促进学生学科核心素养发展的主题。一般而言，教师首先要有扎实的专业知识，对高中学段的历史教材有全局性的认识和把握，有宏大的历史视野和敏锐的问题意识。教师在确定大单元主题之前，首先要通读历史教材。具体到历史学科，即要求教师依据《普通高中历史课程标准（2017年版2020年修订）》，结合教师对历史教材的体会和认识，并依据学生的实际学情，选择相应的教学主题，或按照教材编写的单元体例或章节体例，或按照教学或学习的主题来进行。

确立好单元主题教学内容之后，教师要围绕课标要求和单元教学主题，厘清教学内容的关系，针对不同层次的学生，立足历史学科的特性，指向历史学科核心素养，明确学生通过本次主题学习所应达到的整体学习目标。再基于整体学习目标、授课学生实际掌握的历史学科能力、思维发展特征等制定具体的学习目标。依据具体的学习目标，对大单元主题教学内容进行深化和细化，明确具体的内容要求达到的具体学习目标，关注重要历史知识点之间的逻辑结构，细化的学习目标要指向具体的历史学科核心素养，注重关键问题的解决和进阶能力的发展。在大单元教学内容细化的过程中，引导学生加深对知识点的认识，在此基础上关注每个历史知识点之间的内在逻辑结构，使学生能够在唯物史观的指导下，尝试根据自己的理解，将知识点整合成一个符合历史逻辑结构的关联性知识结构体系。

二、任务、方法、思维相结合

基于大概念的学习任务、学习方法和思维能力，是历史教学迈向深度学习的关键。在确定了大概念教学的内容、学情和目标之后，接下来教师需要将大概念教学的内容作进一步的拆分，将其化整为零，分解成若干个学习任务。当然，这里并不是简单、无目的的分解，在具体操作过程中，教师首先要考虑的还是学生的学情，即学生的思维层级和能力层次；其次，教师还应紧紧围绕着历史课程标准对教学内容的解读和要求，以及教师基于自我理解而提炼出来的本节课的核心内容和核心概念，找到这些核心内容和核心概念之间的内在联系，将其设计成相关的学习任务，进而整体性地通过大概念教学来达成学生的深度学习。

由于历史学科的人文属性承担起部分育人任务，在设计相关的学习任务时，应以历史学科的属性作为基本的统筹，厘清各教学内容之间的具体要求和目标，最终指向历史学科核心素养的落实和学生综合能力的提升。在此基础上，教师要设计出多元化的学习任务，包括解释、分析、评价、综合、应用、迁移等，体现出多元化和开放性，以学习任务作为大概念教学实现的途径，从整体上帮助学生形成良好的高阶思维。

此外，教师要扮演好“引导者”的角色。在具体开展学习任务的过程中，学生往往会漫无目的或不知所措，教师应该关注到学生的学习心理变化，鼓励学生之间开展互动合作，给予学生适当的学法和学理上的点拨，引导其逐步深入地思考和探索，为学生提供充裕的时间和广阔的空间，让他们能够自由地思考，充分地表达和高效地互动，在协力完成学习任务的过程中，通过交流与互动，逐渐学会积极主动去寻找问题、探究问题、解决问题，进而实现对历史知识结构的构建。

在开展大概念教学过程中，任务、方法和思维三者是三位一体、不可或缺的。在设计相关的学习任务时，教师必须有意识地将学生的思维能力目标融入其中。在完成学习任务的过程中，教师可以通过方法上的指导，关注学生的学习逻辑和思考逻辑，鼓励学生通过多种途径、方法和角度，对历史现象、历史概念和历史规律进行全方位、整体性的思考，发散学生的思维，助力学生在思维上的全方位提升。

三、知识、能力、素养相结合

以大概念教学推进学生整体的深度学习，并不意味着教学内容一味地往“高、精、专”的方向发展，大概念教学最终是要实现知识结构的构建，在此基础上发展学生的综合能力，进而达成学生的历史学科核心素养的落地。因此，知识、能力与素养的培养是逐层递进的。所有的历史教学都离不开最基础的历史知识的落实，大概念教学注重基础知识的落实，基础知识将是大概念教学的原点，学生要搭建完整的知识结构，实现思维和能力的飞跃，必须要以基础知识作为根基，围绕着核心概念搭建。在知识体系的构建过程中，逐渐培养起学生学习历史的基本能力，包括解释、分析、联系、评价等能力。在基本能力训练有素的情况下，进一步以学生的能力作为基础，利用相关的学习任务或学习活动，使学生能够通过相关的历史情境进行体验式的学习，能够达成对社会历史发展规律的深刻认识，从而能够实现历史知识的迁移，用过去的历史经验来解答现实的困境和难题。通过这样的途径，将学生的历史学科核心素养的落实贯彻到每一个教学环节和学习任务之中，达成历史课程的基本理念、基本规范和基本要求，实现历史学科立德树人的根本育人任务。

此外，以大概念教学推进学生深度学习，对教师的专业知识、能力和素养也提出了一定的要求。大概念教学的教学设计和学习内容设计，都需要由历史教师来完成。因此，历史教师的视野、专业知识、设计能力和专业素养都会影响整节课的设计及走势，乃至影响到课堂教学和学生的学习效果。因此，教师应该借助大概念教学开展的时机，及时更新自己的教育教学理念，拓宽自己的教学视野，培养高远的教学立意，增强自己的问题意识和教学整合能力，从而实现“以教导学，以学促教”的课堂教学理念。

第三章

以学定教：大概念教学的原则与模式

第一节　大概念教学的基本原则

大概念教学的基本原则，根植于大概念的基本定义。历史教学中的大概念具有总括性、关键性、统领性的特征，能够将单元内所有的单个知识有机统整，同时又体现历史动态演进，不仅能够实现学生知识素养的提升，还能够建构学生的历史认知结构，具有多元的内涵与目标。

要落实大概念的抽象定义，就必须提炼大概念教学的基本原则。但是大概念教学究竟有什么原则，又依据什么来提炼这些原则，老师们往往有一个模糊的感觉，却缺乏完整的概念体系，目前的中文研究领域也少有关于历史学科大概念教学原则的讨论。一些专家试图分析大概念教学的特征，以及提炼大概念教学的原则，可以为我们所借鉴，比如王建宁老师就认为，提炼大概念应当遵循四个原则：①以课程标准的专题为基准；②以历史本体论知识为导引；③以社会关注的问题为依托；④以历史知识的结构为框架。这为大概念教学的原则的规范化、模式化提供了一种思路。

在大概念教学特征方面，上海的李月琴教授与李惠军老师共同建构起了一种比较系统的模式。他们认为要落实大概念，必须进行单元教学，而单元教学具有核心知识的统摄性、宏观叙事的通识性、教学实施的关联性、思维过程的整体性这四个特征，可以视为针对大概念教学的一种初步归纳。在 2021 年的教育部新课程新教材网络研修培训中，他们把自己的模式进一步深化，从课程体系（时序型单元、专题型单元、项目型单元）、教学意义（纲要式表现、概念式表达、跨越式表达）、设计理念（结构化知识体系、逻辑化内在联系、序列化实施方案）入手，建构起更加完善的理论体系。从实践的角度来看，李惠军老师认为大概念教学应当是以单元建构为主题，在主题和任务驱动下转变和优化学习过程的思维方式和行为方式，这种建构在单元原有内容基础上根据属性进行拆分、重组，形成单元本体与单元界面，中间要建立逻辑性，以此形成的单元教学具备更加宏阔的视野。李月琴、李惠军两位老师通过两次网络培训，建构起目前中国历史单元教学一个比较体系化的模式，指向了一种走向大概念教学的路径。上海晋元中学的邹玉峰、陈宇静老师据此归纳和提炼的大概念教学原则为：①必须依据课标的基本理念和内容要求；②必须整合和统摄单元主要知识内容；③必须有明确清晰的单元内容指向性；④能够辐射相关领域和前后单元的内容。这是目前有关提炼大概念教学原则方面相对成熟的一个归纳，为本书提出自己的大概念教学原则提供了一个坚实的基础。

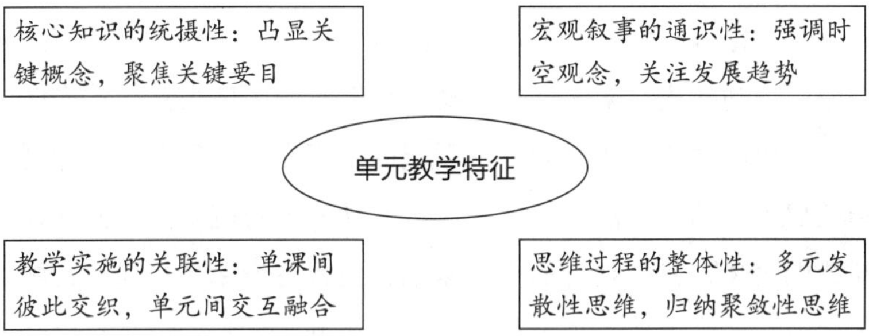

图 3-1-1　李月琴、李惠军：单元教学的特征

虽然对于大概念的特征专家已经有了许多分析，但毕竟其有抽象性的一面，如何将之转化成广大教师易于理解的大概念原则，需要我们进一步把这些原则清晰化、具体化。此外，还有一些问题需要解决，比如专家强调的多是大概念教学原则的提炼，那么大概念教学整体性的原则有哪些？大单元与大概念的关系究竟是什么？对书本单课的讲授是大概念吗？要解决诸如此类问题，笔者认为必须借助大概念基本定义、专家理论指导、课标课程结构、课堂教学实践四个要素来归纳和提炼大概念教学的基本原则，以更好地指导广大一线教师进行大概念教学的实践。

一、归纳单元主旨，提炼核心概念

大概念教学与传统教学的区别，就在于它的统摄性、宏观性、系统性，有利于摆脱传统教学繁杂、知识点堆砌的弊端。所以，要开展大概念教学，必须依据《普通高中历史课程标准（2017 年版 2020 年修订）》的知识要求，根据课程标准的单元划分，提炼或重组一课、一个单元、一个模块的核心要义，这个核心要义，就是一个“单元”。我们在这里必须厘清，虽然单元主题与大概念在意涵上是类似的，但是大概念层次更高。单元主题是大概念的落实路径，大概念是单元主题的综合呈现。因此，大概念统摄性更强，且注入了核心素养和价值观的要求，需要教师来提炼与糅合，这是大单元与大概念的一个重要区别。因此，大概念不能是课本表述的简单重复，而应居于知识体系中心位置，能反映学科的主要观点和思维方式，是学科结构的骨架和主干部分的主旨要义。通俗来说，大概念是课程主旨中最精华、最具概括性的表述，也最能反映价值观与核心素养的要求。大概念不是恒定的，教师可以依据自己对单元的理解来提炼这个大概念，进而用生动的语言来诠释这个概念，但对于历史大概念的提取一定要能够反映历史的主流主线，并且串联起诸多历史线索。比如课标划定的单元《春秋战国时期的政治、社会及思想变动》本身就不是大概念，只是一种时间段的表述，其中蕴含的史实繁杂，包含礼崩乐坏、井田瓦解、百家争鸣等内容，这就需要一个上位概念进行统领，教师可以从社会转型的角度，将以上史实涵盖在“社会转型”概念之下，将其初步提炼为“春秋战国时期向封建社会的转型”，这就是一个初步具备统摄性、通识性，且贯彻了核心素养中唯物史观的大概念。但这个主题概念还略显生硬，教师可以借用《庄子》中的史料，进一步加工题目为“道术为天下裂：春秋战国时期华夏文明向封建社会的转型”，这样大概念既有概括性，又有历史的厚重感，有利于学生理解这一时期整体的变化。

二、根植核心素养，实现能力迁移

在进行大概念教学实践的过程中，还必须注意在教学中贯彻核心素养，最终达成对学生能力的培养。《普通高中历史课程标准（2017 年版 2020 年修订）》前言中明确指出，国家“进一步精选了学科内容，重视以学科大概念为核心，使课程内容结构化，以主题为引领，使课程内容情境化，促进学科核心素养的落实”。五大核心素养（唯物史观、时空观念、史料实证、历史解释、家国情怀）的落实，不是靠空洞的重复与讲授落实的，而是通过对大概念的理解和学习来构建的。教师在提炼大概念的时候，一定要在大概念中落实学科核心素养的原则，创设历史情境，让学生在情境中尝试解决具有挑战性的探究问题，最后完成对课程大概念本质的理解，进而落实核心素养的要求，实现学生历史分析能力的进步。比如在五大核心素养中，我们以唯物史观为主线，浸润核心素养的相关要求，注意将经济基础（生产力）与上层建筑（生产关系、政治、思想）的互动关系、史料实证和历史解释，有机地结合在一起来构筑大概念体系，最后在概念中渗透家国情怀。如教师在讲授《中外历史纲要》中的《中华文明起源与早期国家》时，就完全可以设立一个有关“早期中华走向文明社会”的大概念，将上古三代历史传说作为历史情境，将其与私有制产生和国家兴起、母系氏族到父系氏族、治水和专制权力的诞生等联系起来，在解读一个个历史材料的过程中，让学生了解传说背后的生产力和生产关系主线，尝试利用大概念贯彻唯物史观，把唯物史观具体化、生动化、情境化，同时又锻炼了学生史料实证和阅读的能力，最终让学生学会利用文明的标准来考察世界其他社会走向文明的历程，完成由学大概念到用大概念的转变。

三、梳理知识线索，建立逻辑体系

大概念教学的根本还是在于课本。李凯老师指出：“原先是历史教育工作者，现在不仅是历史教育工作者，也是历史书写者；原先是中规中矩教教科书，现在是遴选材料提炼主题教大概念”。大概念教学不是无的放矢，而是要依据课程标准与课本知识，将知识与知识、课时与课时、单元与单元之间关联化、体系化、逻辑化。大概念不能脱离课标与课本，但也不能简单重复课标与课本，更不是简单地提出一个大概念当题目就浅尝辄止，而是要在提炼核心要义的基础上，结合培育核心素养的目标，串联起大概念与知识点的内在逻辑联系，用知识点之间的线索串联构建一个有效的学习单元，在此基础上升华成为大概念（有些老师也将这一过程称为“结构化梳理”）。过去历史学科长期偏重背诵，缺乏探究性，问题就在于没有在史实中注入逻辑，大概念教学其中一个目的，就是要用逻辑来弥补传统历史教学的缺憾，用逻辑性梳理单元线索，组合单元主题，最终达到培育核心素养的目标。比如课程标准中课程内容例 1 的“世界视野下的中国航海活动与海上贸易”，就是一个融合了专题 1.6“明清政治经济”、专题 1.17“全球联系建立”、专题 1.21“世界殖民体系的形成”这三个专题的融合型大单元，其主旨概念便是“世界市场对全球与中国的影响及连锁反应”，其中的逻辑线索是世界市场的发展，具象化为白银的流动，先有全球联系的建立，随之而来的是殖民掠夺白银，白银又随着全球贸易循环流入中国，带来明清中国社会经济的一系列嬗变。这里核心素养的目标是时空观念与历史解释，形成了单元与单元间逻辑结合的大单元，贯彻核心素养目标后升华为大概念。类似这样的线索与联系在书本中很多，需要教师结合历史知识与书本逻辑进行归纳，对教师的知识掌握程度、建构能力提出了要求。

四、明确概念目标，服务教学实践

大概念教学，归根结底是要让学生对历史脉络的理解更清晰，对宏观历史的特征把握得更充分，而不是用复杂的抽象语言让学生云里雾里，不得要领。《普通高中历史课程标准（2017 年版 2020 年修订）》多次强调教师所制定的教学目标要具有可操作性、可检测性，要比较明确。因此，在提炼大概念时，既要注意大概念的概括性、理论性，也要将这些抽象的理念用学生能够理解的主旨表述出来，要让学生能够迅速从大概念中抓住课程的精髓，而不是落入概念的窠臼。比如李惠军在提炼《辽夏金多民族政权的并立与元朝统一》的单元主旨时，就注意到本课的上位概念实际上是“中华民族从多元并立到多元一体，从多元交互到多元共辉”，但是这个概念对学生来说有一定抽象性，将其明确为“从小中国到大中国”这个学生一目了然的主题，既契合了大概念，又能够引发学生的兴趣，激发其对课程内容的讨论与分析，是一次大概念服务教学的成功实践。此外，在大概念的提炼、教学单元的重组过程中要遵循史学规范，在史实基础上，坚持正确导向，不牵强附会，这样才是一个成功的大概念教学。

总而言之，在大概念教学原则的讨论中，我们从大概念基本定义、专家理论指导、课标课程结构、课堂教学实践四个维度出发，分别对应“归纳单元主旨，提炼核心概念；”“根植核心素养，实现能力迁移；”“梳理知识线索，建立逻辑体系；”“明确概念目标，服务教学实践”四个原则，力图构建一种“提出概念—充实概念—实践概念”的大概念教学路径，为广大教师在大概念教学时提供一种参考。

大概念教学的推进，必将带来对传统教学模式的冲击。知识点讲授更加注重整体性，学习活动融合性、主体性增强，单元教学评价更加注重多元性，单元贯通的综合性作业种类更丰富，都昭示着以大概念教学为核心，目标在于核心素养培育的中学历史教学的新模式即将到来。

第二节　大概念教学视角下高中历史教材的解读方法

由于新教材本身具有的特征，课时紧张，课程容量大，知识点密度大，涵盖面广，叙述简练且学术性强，所以能扎实且有效地完成教学任务，对很多教师来说是一个挑战。因此，运用大概念教学视角解读高中历史教材，高效地完成教学任务，成为教育专家和一线历史教师关注的重点，也是教育部深度学习培训中热烈讨论的主题。

从教材的整体解读来看，教材的主编已经提出了解读方式，如张海鹏指出应当重点关注四个方面的内容：第一，关于国家主权、海洋权益等方面的爱国主义教育；第二，注重处理历史上的民族关系，加强民族团结意识，正确处理宗教问题；第三，注意中外法治历史演变的表述；第四，注意在教材中开展生态文明发展的表述。同时强调了《中外历史纲要（上）》总的编写思路是：中国古代史，强调大一统、民族交融是中国历史的主流，长期封建社会是中国历史特点；中国近代史是由“沉沦”走向“谷底”，再走向“上升”的历史；中国现代史是中国人民从站起来到富起来再到强起来的历史。张海鹏的意见总结了国家主权、民族团结、法治观念、生态文明等主题，本身就具有一定的大概念色彩，可以为我们提炼与归纳大概念所参考。

教材的另一位主编徐蓝也在《对教师使用统编高中历史教材的一些建议》一文中提出：解读教材，要遵循唯物史观的指导，中国古代史要引导学生理解统一多民族国家的形成与发展及古代的中外交流；中国近代史要让学生充分理解近代民族危机、封建社会的瓦解与中国共产党的革命；中国现代史要使学生知道中国社会主义初级阶段的基本国情，认识社会主义现代化建设是一个曲折漫长的过程；世界古代史要让学生感悟人类文化的多元性、共容性和各地区发展的不平衡性；世界近现代史要让学生感悟世界的联系与全球化，进而体会人类命运共同体的意义。较之张海鹏偏重于中国史的指导，徐蓝为教材整体解读提供了更为宏观的视角。

具体到用大概念模式来解读教材，教材编纂者也提出了自己的看法，如徐蓝在2020年发表的文章中提出从三个路径来归纳大单元：①传统的“单元—课—目”形式，用逻辑关系将其串联起来；②加强历史横向联系的整合，即融合同时段的中外历史，如中外历史早期文明的起源；③加强历史纵向联系的整合，即专题史的融合，如“殖民体系的形成与瓦解”。

到2021年，对于落实用大概念理念来解读教材，很多历史教学的专家提出了更细化、更具有操作性的想法，如华东师范大学的李月琴教授认为应当用四种单元模式来解读教材：①基于新课程体系的教材单元；②基于项目型的课题的纪事单元；③基于长时段谱系的编年单元；④基于大空间特征的交互单元。李月琴在徐蓝教授的基础上引入关于地理空间与长时段历史的概念。

上海晋元中学李惠军老师在2021年教育部深度学习会议上提出的划分方法则更具实验性、改革性，他认为应当依据：①重组建构的整合型单元；②归类统合的跨越性单元；③空间统摄的关联型单元；④专题交集的贯通型单元。该方法试图对课本知识结构进行更大的重组与整合，同样值得我们关注。

不只是教育专家，苏州大学硕士生李乾在进行教学调查的同时，对用大概念解读教材的路径也有丰硕的成果，在他的硕士论文《〈中外历史纲要〉“大单元整体学习”研究——以山东省昌乐二中的教学实践为例》中，就认为应当依据主干知识与单元主题、知识点之间的逻辑关系、阶段特征的揭示对《中外历史纲要》的单元知识进行梳理，给予我们很多启发。

本节在结合目前已有成果的基础上，尝试对几种模式进行整合，更加偏重于如何运用教材进行大单元归纳，主要着眼于两个问题：①用大概念解读教材时应当运用的基本原则与应注意的问题；②如何依据教材不同单元的特性，运用不同的模式来归纳单元核心概念。笔者认为，我们在用大概念解读新教材时，需要遵循如下方法：

一、精读教材主干知识，配合课程标准要求

在上文归纳大概念教学的原则时，我们已经意识到大概念的归纳与提炼，必须根植于课程标准与教材，依据历史学科核心素养的要求，分析课本脉络，归纳主干知识，然后再把知识提升为大概念，那么到底该怎么分析，又如何归纳？

首先，应当研读《普通高中历史课程标准（2017 年版 2020 年修订）》，查看课标中所规定的内容要求，这些要求往往十分具有概括性，我们要思考这些简短的内容要求在课本中如何表述与诠释，用了什么史料与例证来证明。在做好这一步工作之后，教师要学会破解单元标题，为此上海的徐梅老师提出了四步走的方法：第一步，抓住核心标题内容；第二步，把握两者之间的关系；第三步，确定单元内容主旨；第四步，梳理单元知识结构。在这里我们尤其需要关注课文标题采用“……与……”的句式，徐老师认为，面对这样的单元标题，破解的重点一般就是从揭示两者间关系的角度来把握内容主旨，比如《中外历史纲要（上）》第 15 课《明至清中叶的经济与文化》，实际上主旨就是在阐释明清商品经济发展与市民文化、思想解放之间的关系，所以该方法为我们快速掌握课文主旨，建构单元概念，提供了一个简便易行的示范。

其次，我们要用历史学中文本解读的方法来分析教材中课文，尤其是课文题目、学习专题或学习单元的导语、前言，找出其中的文意、高频词、限定语等，这些细节往往是课本的“微言大义”，对于理解教材精神有着重要的意义。在这方面，上海市的於以传老师进行了很多卓有成效的尝试，他在分析第 1 课《中华文明的起源与早期国家》时，敏锐地注意到课文第一、二段的第一句话分别是“考古发现”“古史相传”等词，在正文中又多次出现“考古学证明”“史书……记载”等表述，他认为本部分的重点应当是呼应、传达“史料实证”的史学思想方法。我们进一步可以推导出本课主旨在于理解考古材料与文明起源、国家产生的互动关系，以此出发来建构符合教材本身意图的大概念。又比如在第 11 课《辽宋夏金元的经济与社会》中，我们仔细阅读课本会发现，课本多处采用“突出”“突破”“进步”“高峰”等词，再结合课标要求了解这一时期的“新

变化”，说明该课主干知识在于强调宋元时期经济社会相比以往汉唐封建社会的突破性意义，我们最好围绕着这个主题来提炼大概念，这样才能让大概念的能力目标符合课标的要求。

最后我们要注意利用课本提供的史料来充实和证明我们的大概念。很多老师和同学容易在上公开课与复习过程中忽视课本，忽视课本中的图片与史料信息、问题探究、学习扩展，在考试后造成失分又往往后悔莫及。因为我们的大概念是根植于课本的，那么自然而然，课本的史料应当最能够辅证大概念，比如在论述从魏晋到隋唐的民族交融时，课本中展示的“西晋颁给内迁少数民族酋长的‘晋归义羌侯’印文”就是我们构建“中华民族在多元一体中不断交融”这一大概念的好材料。因此，我们要充分精读，运用课本史料，为我所用，夯实学生的历史基础。

二、梳理课程之间逻辑联系，提炼单元教学主题

李乾分析《中外历史纲要》时，已经意识到教材中的内容能否成为大概念，并不是看是否符合短语或者词汇的要求，而是是否对知识体系的重构起到关键作用。这个重构的枢纽，就是知识点之间的逻辑联系。一个好的大概念主题，一定是能够串联起种种历史线索的关键因子。我们在精读课标与课文的基础上，要注意如下几组逻辑关系的串联：

第一，要注意课本与课本、必修与选择性必修之间本身的逻辑联系。我们在使用教材时，要注意借鉴传统史学思想的“纲目”思维，即《中外历史纲要》是纲，而选必课程与校本课是目，可以运用李惠军老师提出的归类统合的跨越性单元模式，以纲要为主线，用选择性必修来充实。比如旧教材中的重要概念“小农经济”的产生与发展，由于它是一个长时段的历史过程，在《中外历史纲要》通史体例中很难有位置，只有零碎的现象性知识点，为此我们就需要结合选择性必修 2《经济与社会生活》中第 4 课关于小农经济的概念性的描述，提炼出小农经济的大概念，对历史进行纵向的整合，串联起《中外历史纲要》中关于中国古代生产工具、土地赋税制度发展的线索，用教材史实来区分到底什么是小农经济，它的推动因素和破坏因素又是什么，这个任务单纯依靠必修是很难完成的，必须建立教材与教材间的联系，构建起学生的历史知识体系。

第二，构建起教材内部课与课、单元与单元之间的逻辑联系。早在旧教材时期，教材内部单元之间的安排就已经引发很多老师关注。比如在历史必修 1 中，古代中国政治史之后没有马上进入近代中国政治史的模块，而是先论及西方资本主义政治制度的确立与发展，再叙述鸦片战争，这实际上就体现出教材要突出中国古代封建社会受到西方侵略刺激后开始转型的逻辑联系。在新教材通史体系中，尤其是世界史部分，这种单元与单元之间的逻辑联系同样明确。我们可以从图 3-2-1 看出，教材在世界史部分是遵循着经济动因推动思想、政治互动的模式，来分析西方社会乃至整个世界从 15 世纪以来的转型，我们完全可以利用李月琴提出的基于长时段谱系的编年单元，分别在 16、18、19 世纪以上述逻辑模式来分析西方社会经济、政治、思想的互动，提炼大概念，比如 19 世纪就可以围绕工业革命，提炼大概念为“工业革命对欧洲向工业文明转型的决定性作用”，以此为基础，定题目为“工业革命后世界的觉醒与秩序的重构”，这就是一种依据第三至第七单元逻辑联系构筑大概念的一种尝试。

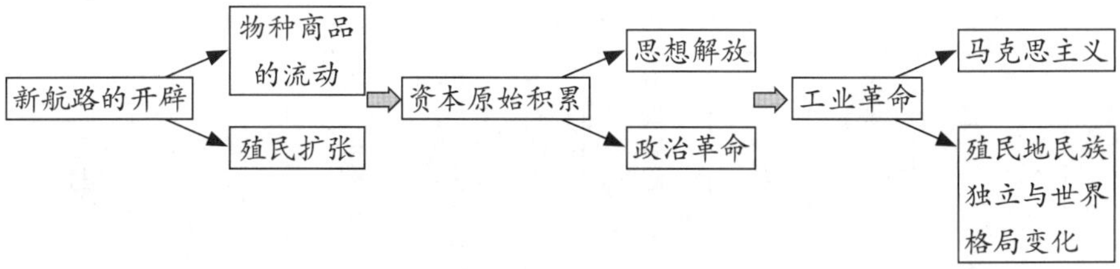

图 3-2-1 《中外历史纲要（下）》第三至第七单元的逻辑联系

第三，深耕单课内部的逻辑关联。在对模块与模块、单元与单元进行糅合的同时，也应当重视单课内部知识点的逻辑联系。相比跨单元、跨模块教学，这是教师日常教学的常态。哪怕是对历史的横向整合或纵向整合，同样应当建立在单课内部逻辑整合的基础上，如山东乐昌二中在世界古代史的大单元整合中，以时间脉络为主线，理清知识点在时间层次上的逻辑关系，同时又梳理知识点在空间地域发展上的逻辑关系，在“古代文明多元发展”的大概念之下，对整个世界古代史［《中外历史纲要（下）》第 1 课、第 2 课］进行了纵向（时间）与横向（空间）的梳理，形成了一个比较完整的逻辑体系，见图 3-2-2。

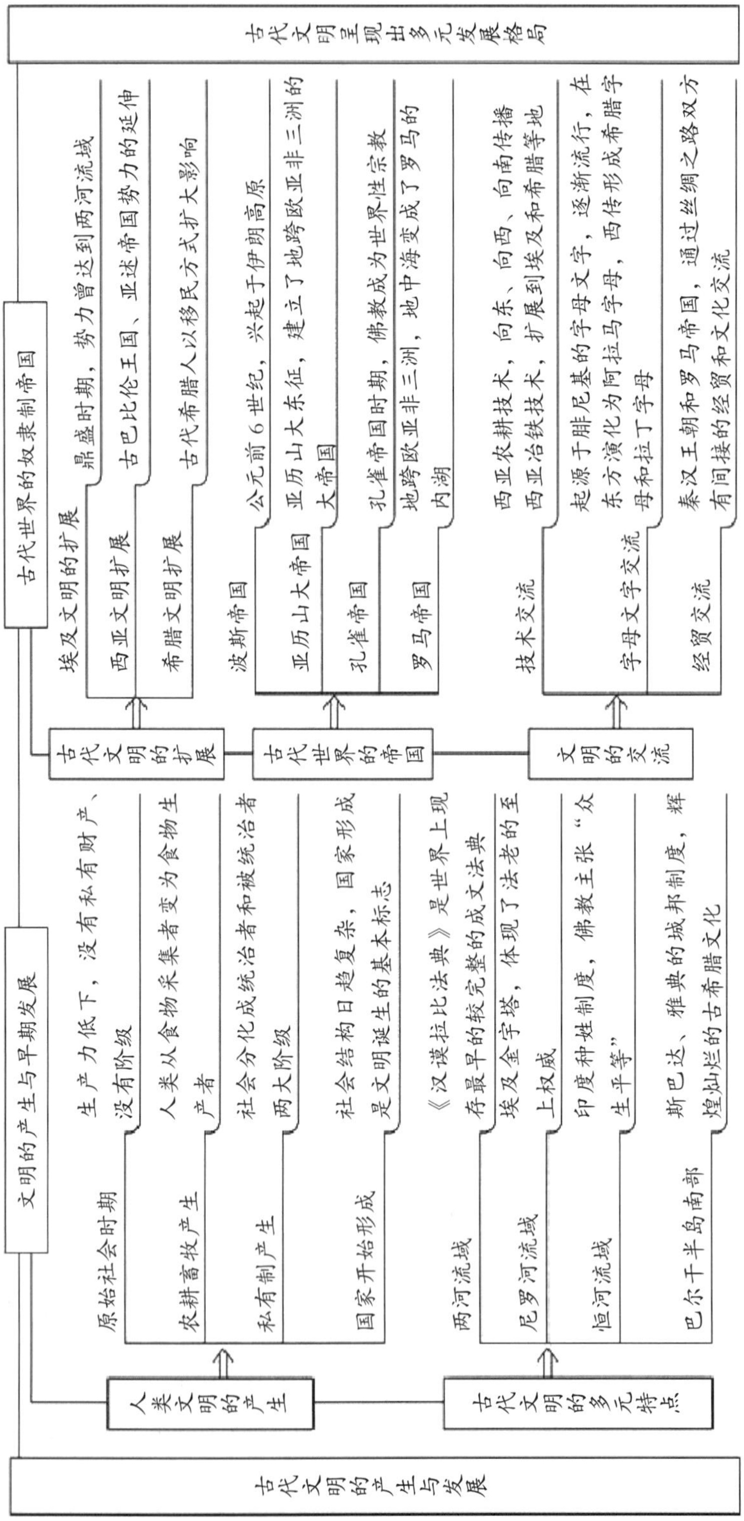

图3-2-2 《中外历史纲要（下）》第1课、第2课逻辑体系

因此，在使用知识点之间的逻辑联系建立大概念时，我们可以遵循“单课逻辑—单元逻辑—单元间的逻辑关系—模块与模块间的逻辑联系”的路径，扎实地开展用大概念来解读课本的过程。

三、借鉴旧教材教学经验，开创历史专题新思路

旧的历史教材，无论是人教版、人民版、岳麓版，都有超过 15 年的使用时间，积累了丰富的教学经验。在新教材的使用中，不可能完全“另起炉灶”，而是要顺承发展旧教材的专题史模式，用旧教材帮助我们梳理专题交集的贯通型单元，建立新教材体系下的专题单元。比如西方 20 世纪经济史，从自由主义到国家干预的转变，在旧教材中集中在必修 2 的第六单元，而新教材则分别成为《中外历史纲要（下）》第 19 课以及选择性必修 2 的其中一节，知识点由集中变为分散，表述也更为简化。我们在以《中外历史纲要（下）》表述为基础的前提上，要注意参考旧教材讲得比较细、比较清晰的部分，确定西方 20 世纪经济史主干知识是市场调节与国家干预的原因、措施和影响，参考旧教材对 1929 年经济危机背景、罗斯福新政措施、凯恩斯主义的详述，确立一节以“市场调节与国家干预的博弈”为主题的大概念教学，这样可以将这个复杂的问题讲得更清晰。此外，中国古代科学技术与文学艺术、世界文学艺术等旧教材比较集中，而新教材比较分散的内容，也可以参考旧教材的一些叙述与编排模式。

此外，我们在构建大概念的时候还应当运用文本精读的方法，注意新旧教材的差别，一些说法的调整往往意味着整体历史结论的变化。比如明清“资本主义萌芽”，在旧教材必修 2 中表述为“江南一些手工业部门开始出现了资本主义性质的生产关系，学术界称之为‘资本主义萌芽’，清朝时，资本主义萌芽继续发展”，整体对于资本主义萌芽是用事实性语言去表述的。但是新教材在这一表述上则有微妙的变化，不再用事实性的表述，而是说“有学者认为，这种生产方式近似于西方资本主义生产关系的早期形态，称之为‘资本主义萌芽’”。将“资本主义萌芽”由一个史实变成了一种学术观点，这是我们要特别注意的，如果教师以“资本主义萌芽”为史实基础来展开明清经济史的大概念，容易与新教材的精神产生脱

节，这是我们要特别注意的①。

四、依据教材单元课型特点，规划多样概念整合模式

我们在运用教材进行大单元归纳的时候，还有一个重要的原则与方法，就是必须依据单课、单元、模块本身的特性，因课制宜地来制定大概念，包括徐蓝、李月琴、李惠军等学者的划分模式，都必须依据课程本身特性来进行整合。因此，大概念教学没有也不应当有一个固定的模式，哪怕是同一节课，也应当有多样的概念整合模式。

比如《秦统一多民族封建国家的建立》这一课，如果用空间统摄的关联型单元整合模式，关注相同时空下不同国家的文化交流与制度对比，就会显得材料匮乏，对比生硬，老师和学生也缺乏相应的知识能力，难以展开论述；但如果运用专题交集的贯通型单元，以纵向的中国古代专制主义中央集权制度的演变为专题，制定大概念，本课就能作为一个枢纽，串联起中国古代政治制度的变化。因此，我们在运用大概念教学模式解读教材时，一定要注意依据知识本身的特点来制定不同的大概念整合模式，下面以《中外历史纲要（上）》第四单元为例，看下如何根据不同课，用不同的模式来整合概念。

表 3-2-1 《中外历史纲要（上）》第四单元多样整合模式

单课名称	整合课程	整合线索	概念主旨
第 5 课　三国两晋南北朝的政权更迭与民族交融	第 3 课　秦 第 4 课　西汉与东汉 第 6/7 课　从隋唐到五代十国政治 第 9/10 课　宋元时期政治	1. 民族融合 2. 制度演变	1. 中华文化的多元一体格局的形成，北方游牧文明的不断融入 2. 封建政治制度不断顺应时势的变化与调整
第 6 课　从隋唐盛世到五代十国	第 6/7/8 课　从隋唐到五代十国政治、经济、文化	相同时空因素的时代特征	隋唐时期制度变化与创新，经济的区域开发，中华文明的辉煌

① 除此之外，新教材明清史对王阳明心学的影响、清代小农经济等方面的论述都有所变化，值得教师关注。

（续表）

单课名称	整合课程	整合线索	概念主旨
第 6 课　从隋唐盛世到五代十国	第 10 课　辽宋夏金元的经济与社会	经济因素（土地、商业、农业）的变化	“唐宋变革”下唐宋经济的沿革与差异
第 6 课　从隋唐盛世到五代十国	第 8 课　三国至隋唐的文化 第 4 课　中古时期的亚洲	大空间特征的交互影响	了解亚洲中华文化圈这一概念，以及古代中华与世界的互动与交流
第 7 课　隋唐制度的变化与创新	第 9 课　两宋的政治和军事	制度变化	不同政治形势下唐宋不同的政治模式，探究形成与演变的原因
第 8 课　三国至隋唐的文化	第 4 课　西汉与东汉 第 12 课　辽宋夏金元的文化	文化嬗变	中古时期中华文化的内核与融合、传统与变革的脉络

由上述整合模式我们可以发现，本单元的整合课程主要还是汉代、宋代以及中古时期的亚洲的政治、经济、文化，与明清进行整合已经显得有一些格格不入了，更难以与近代进行结合，这也不符合学术界对于“汉唐”“唐宋”的划分，以及中国与日本、韩国、阿拉伯地区交往的实际。因此，我们用大单元与大概念来解读教材，一定要依据教材本身特性与材料，这样才能更好地服务于教学，符合高中历史教学的实际。

第三节　以大概念教学推进学科核心素养落实的路径

关于历史学科核心素养的研究，在学术界已经蔚为大观，研究成果浩如烟海，总的来说，核心素养是一种能力与态度的结合，目的在于提升学生处理复杂历史情境的能力。当大概念教学理念在《普通高中历史课程标准（2017 年版 2020 年修订）》提出的时候，本身就是与核心素养的落实联系在一起的。《普通高中历史课程标准（2017 年版 2020 年修订）》在前言部分指出：“进一步精选了学科内容，重视以学科大概念为核心，使课程内容结构化，以主题为引领，使课程内容情境化，促进学科核心素养的落实”。以此为指引，很多学者与老师试图分析大概念教学与学科核心素养落实之间的联系，比如华东师范大学崔允漷教授提出：“学科核心素养的出台倒逼教学设计的变革，教学设计要从设计一个知识点或课时转变为设计一个大单元。”具体到历史课堂上应该如何落实，何成刚、张克州认为应围绕教学主题，凭借有价值的史料，创设新的历史情境，设计具有挑战性的探究问题，学生在教师的指导下完成问题解决，实现深度学习，达成培养更高水平的历史学科核心素养的目的。黄天庆老师也关注到了大概念、历史情境与核心素养的互动关系，他提出历史学科的大概念是学科核心素养的具体表现，是个体面对复杂不确定情境时表现出来的必备品格或关键能力。这种能力必须在解决真实问题的情境中逐渐形成。总的来说，大概念下的单元学习活动，已经成为核心素养的落实基点，这基本已经是历史教学研究的一个共识性意见。

有关具体素养与大概念之间的关系，也有了一些具有创新性的成果，珠海的汪琪老师关注历史解释与大概念教学的关系，他以课堂实践为基础，认为一堂课的大概念未必是唯一的，通过大概念多元性的建构，可以深化历史解释。同样来自珠海的龚正老师则从史料实证的角度，以小农经济概念的建构为例，提出让学生自主理解、运用、反思大概念的建构模式。东北师大附中的纪巍通过结合经济学、社会学跨学科思维的模式，创设历史情境，建立和解决大概念。李乾则提出了在大概念教学中通过“整体思维”“问题驱动”“学习自主”三个层面落实核心素养的要求。这些新的成果大多以学生为主体，关注学生对大概念的吸收与反馈，并且试图创新核心素养的落实模式，是一些有益的尝试。

综合上述研究，我们发现“历史情境”和“问题”是落实核心素养的关键词，在落实的同时，一定要关注学生的反馈，最终落实到培养学生的深度学习能力上。这不仅是课程标准的要求，也是广大老师的实践心得，值得我们特别重视。本节将以已有的研究成果为基础，结合之前所归纳的方法，为从大概念教学到核心素养的落实提出更多元的路径模式。

一、依据不同课程实际情况，确定不同的核心素养目标

在第二节对教材的解读时，我们已经提及，不同课程有不同的大概念归纳方式。因此，用大概念落实核心素养，也要有根据不同概念落实不同素养的意识。统编版教材是根据核心素养的要求编写的，因此一定会在课程与课文的表述中贯彻核心素养的要求，但这个要求不会直接表露，而是要让广大老师通过文字与图片等材料解读出来。但想要在一节课、一个概念中落实五个核心素养，既不现实，也无必要，因此，要精读教材，根据教材导向提炼概念，落实素养。如前述於以传老师在精读新教材第 1 课时通过书中高频出现的“考古发现”等词语，认为本课素养落实要求在于史料实证。而第 2 课中，则通过书中不断强调“争”与“变”，通过经济之变、政治之变，到思想之变，认为本课主要素养要求在于“唯物史观”，据此概括本课主旨为“东周衰微，社会经济、文化的大变革、大发展，扩大了周边华夏认同，也推动了思想的转型”，把本课内容聚焦到转型上来，进行了有效的指引。因此，我们应遵循“教材—大概念—核心素养”的路径，以课本为源头，以概念为引导，以素养为目标，确立一条大概念导入核心素养的路径。

二、由知识走向素养，用分解目标落实能力迁移

在确定了单元主题的能力目标后，我们要做的就是依据课标关于水平层次的划分，来分解本单元教学的素养目标，只有这样，才能从知识目标走向素养目标，核心素养目标的确立才不是一句空话，才能切实得以落实。如何分解目标，笔者认为首先应了解学情，要根据不同的学情，确定不同的核心素养、层次目标，以及落实的阶段和时间；其次，应当结合课标中的水平划分，同时结合史学规范、学生学情，沿着“了解识记—理解运用—综合探究”的路径，设置不同的课堂设问、学习活动、课后作业，让学生将知识逐渐内化为能力素养，这就需要我们将课标中比较概括性的语言，落实为可操作的目标要求。在这方面，鲍丽倩和王慧婷老师进行了一些实践，她们依据课标，进一步细化了对时空观念的目标分解（见表 3–3–1），将四个水平要求分解成了两个大类，每一个大类下又有自身的目

标要求，这些要求非常具体，且说明了落实的手段和借助的资源，让教师能够很清晰明白每一步应该做什么、怎么做。这为以大概念教学分层落实核心素养，开创了一个良好的范例。广大教师也可以依据自己的教学实际情况，构建适合自身的核心素养目标分解计划，以便更好地落实核心素养要求。

表 3-3-1　时空观念目标化分解示例

时空观念	
分类	分层
1. 知道和理解史学常用的时间、空间等表达方式	1.1 知道和理解史学常用时间、空间术语（历史事件各种表达方式及内涵、历史空间的各种表达方式及内涵，整合历史时间与空间的各种表达方式及内涵）
	1.2 使用两种以上的时间、空间术语描述史实
	1.3 形成历史时间、空间的结构（时间轴、事件年表、人物年谱、地图、空间示意图等）
2. 以时间与空间的概念范畴解释历史（运用层面）	2.1 从时代特征（所包含的政治、经济、文化、社会特点）的视角，解释史事及其延续与变迁
	2.2 从地理环境（所影响的经济状况、政治形态、文化传统、社会生活）的视角，解释史事及其延续与变迁
	2.3 综合时代特征、地理环境的视角，解释史事及其延续与变迁
	2.4 基于将史事置于其发生、发展的时间与空间下作审视的原则，反思对历史的解释

创设历史情境，以问题为引领，这是《普通高中历史课程标准（2017年版 2020 年修订）》对贯彻核心素养教学理念，有效设计教学过程的重点建议，也是研究者和一线教师所关注的热点。黄牧航教授认为，历史情境是核心素养课堂教学的目标、内容和抓手，也是历史学科“四层”① 与“四翼”② 的结合点。学生应当在历史情境中提出问题，也应当在历史情境中解决问题。传统模式下老师灌输背景、经过、影响三要素，最大的弊端就是

① 指历史学科关键能力：知识获取、历史思维、历史探究、历史表达。

② 指高考的考察要求：基础性、综合性、应用性、创新性。

学生不熟悉历史情境，不会在历史情境中解决问题，也谈不上贯彻历史素养的要求，历史情境的重要作用可见一斑。

对于问题设置，应当做到服务于大概念与历史情境，如果说历史情境是一味中药，那么问题就是那个药引，学生要通过问题落实解决问题的能力，理解历史情境的精髓。孙兴容在其探究深度学习的硕士论文中就认为，以问题为引导的学习过程，要融合学科思想与核心素养，在情境中进行知识建构，解决具有挑战性的学习项目，这本身就是一个提升历史思维能力的教学过程。这可谓对问题引领的作用、过程、效果作了一个比较简洁而又系统的概括。

大概念在其中，应当起到一个统摄的作用，即概念决定方向，情境提供信息，问题考察素养，三位一体，缺一不可。每课、每单元提炼一个大概念，这个概念蕴含了核心素养的一个或几个要求，再通过历史情境的展现来外化这个要求，最后通过问题来考察学生对素养目标的接受程度，这样才能够让核心素养更好地被学生所接受。以选择性必修 1《近代西方的法律与教化》为例，我们在备课时可以体会出本课主要的素养要求是史料实证与历史解释，那么我们的情境就应当依据这个来设置，模式如表 3-3-2。

表 3-3-2 《近代西方的法律与教化》情境设置示例

课程	近代西方的法律与教化
课标要求	了解近代西方法律制度的渊源和基本特征
素养要求	史料实证、历史解释
大概念提炼	重程序、重证据、重公民权的法治思维是人类的财富
历史情境	居住在耶路撒冷的罗马居民甲和乙同因涉嫌犯罪被送上刑场，甲被鞭打，而乙对行刑官耳语几句，不仅未被打，还获得释放
问题	1. 请你依据所学知识发挥想象：居民乙究竟说了什么？ 2. 背后反映出罗马法律的什么特点？ 3. 如何认识罗马法宣称法律面前人人平等这一原则？

本课的大概念为“西方法律传统中重程序、证据、公民权的法治精神”，因此我们设置的历史情境也是围绕这个概念展开。与一般的叙事型情境不同，本情境在开头设置了多个信息点，包括“居民”“涉嫌”等关

键词，同时有一个悬念，即居民乙说了什么。这样能够有引发学生了解的兴趣，让他们有兴趣运用之后学到的知识去解决这个问题。在讲授了罗马公民法保护罗马公民免受刑讯逼供之后，在学生充分讨论的基础上，我们才给同学揭晓这个谜底：居民乙说的是“我是罗马公民”，因为罗马法规定罗马公民未经定罪不得上刑，也不得鞭打，否则行刑人要被治罪，因此行刑官才赶快把居民乙释放。通过对这个历史情境的解答，我们可以感受到罗马对公民权保护之严格，以及除非被判有罪，否则即是无罪的法治精神，理解以罗马为代表的西方法治文明的特殊之处，学生也从中学会分析历史情境背后的史实与制度因素，锻炼其史料实证与历史解释的能力。

三、以主题引导专题，将价值注入概念

关于主题与专题的区别，黄牧航先生已经指出，相比《义务教育历史课程标准（2011 年版）》将专题与主题并行使用的做法，《普通高中历史课程标准（2017 年版 2020 年修订）》明确指出，课程内容由模块组成，模块下面分专题，而课程中的各种活动设计，为“主题活动”，确定了主题是一个比专题更高的范畴。那么“主题”与“大概念”的关系是什么？叶小兵教授认为“大单元整体学习的设计，就是基于大概念的主题单元学习设计”，明确将主题与大概念联系在一起，与一线教师的实践基本吻合，说明两者之间密不可分的关系。

专题、单元主题、大概念到底有什么区别？黄牧航教授认为，三者的最大区别在于历史主题有明确的价值导向，点出了价值导向在主题引领中的重要作用。李乾认为，虽然大概念与单元主题的意蕴是一致的，但是“学科核心大概念的层次要比单元主题更高，定位更长远一些，属于素养型的概念”。依据这些观点，我们可以认为专题主要是以史实知识分类聚合的一些问题，而主题是在此基础上的价值升华，大概念则更多体现核心素养的内容，并指向能力迁移的目标。

我们以《中外历史纲要（上）》第四单元为例，明清时期的政治、经济社会和文化属于三个不同的专题，以史实为主，本身没有特别多的价值导向，但是单元题目《明清中国版图的奠定与面临的挑战》中“奠定”“挑战”突出了辉煌与问题，也突出了本单元主题是“统一多民族国

家的建立与封建危机”。而如果把这个主题再加入一些描述性语言，进一步升华主题，比如“落日余晖：明清统一多民族国家的定型与社会危机的萌发”，一个“落日余晖”，让学生对明清封建王朝的辉煌与问题有了更感性的认识；将“版图”升华为“统一多民族国家”，更加突出民族国家的形成；将“挑战”升华为“社会危机”，突出封建社会问题的严重性，植入了更多的判断，就成了一个大概念。

这种模式在近代史模块运用得更为频繁。比如《中外历史纲要（上）》第七单元《中国共产党成立与新民主主义革命兴起》，涵盖了五四运动、中国共产党成立、国民大革命、国共分裂、开辟井冈山革命根据地、长征等多个专题知识点，归类于五四运动与马克思主义传播、中国共产党的诞生、国共合作与国民革命、工农武装割据开辟革命新道路与长征这四个比较大的主题。而主题单元的题目是一个事实陈述，没有价值观的引入，要上升为学科概念，须引入更多修饰语，不仅要对这段历史作一个概括，还要突出这一时期革命的特色，让学生了解到革命的不易，可定大概念为“星火燎原：中国共产党的突围与革命新道路的开辟”。“星火燎原”本身来自毛主席的文章题目，学生耳熟能详，突出中国共产党早期力量还十分弱小，但已经有很大影响力；用“突围”表现中共成立之初革命道路的艰难与国民大革命的突破；用“革命新道路”强调“农村包围城市”革命道路的重要性，既反映了中国共产党早年革命的艰辛，也反映了对革命前途的信心，有助于培养学生的家国情怀。在这个题目下开展大概念教学，有助于核心素养的落实与开展。

因此，我们在结合大概念与核心素养时，对专题内容的归纳与价值观的引入，是必不可少的。如果大概念只是一段史实的简单陈述，没有任何价值判断，那么也就很难成为一个概念，学生也缺乏感性的认识，更不利于随后情境教学的开展。因此，我们构建大概念题目的时候，可以借助名人名言、诗词歌赋、重大历史时刻等一切有助于理解主题的因素，更好地把概念与核心素养结合起来，这是值得研究者及一线老师深入实践的主题。

第四节　聚焦重要学科概念的高中历史教学设计策略

关于统编教材的高中历史教学设计，已经有了一些比较系统的成果，目前出版的专著主要关注核心素养与教学设计的互动。比如2019年出版的《以核心素养为指归的教学设计——〈中外历史纲要（上）〉》，对《中外历史纲要（上）》的每一课都进行了设计，每一课都详细叙述了设计思路、教学目标、教学过程、设计反思等内容，也在一定程度上蕴含了大概念的设计意识，具有一定深度与创意。但本书整体上仍然按照单课体系进行编纂，内容比较多，缺乏整合，大概念理念体现不足。

相比之下，有关大概念教学下高中历史教学设计的论文不断涌现，比如王建宁老师在2019年发表的《基于“大概念”的高中历史教学》一文中，将教学设计的步骤划分为“构建概念体系，识别关键问题”“建立单元目标，设计评价方式”“开发学习活动，选择组织材料”三个步骤，为大概念教学设计提供了一种实践模式。进入到2020年，关于这方面的讨论更加热烈，不少专家老师试图总结教学设计模式化的成果，比如王春丽在《单元整体教学理念下统编高中历史教材的课堂实践》中，总结出了“单元教材、教法分析”“单元学习目标设计”“课程资源的选择”“单元学习活动设计”“持续性评价设计”五个步骤的教学设计方略。上海的於以传老师则根据目标、结构、活动、评价四个要素，归纳出了自己的大概念教学活动设计模板（见表3–4–1）这些研究的优点是结构比较清晰明确，但问题是框架比较疏阔，更重要的是大概念的特色不足，因此还需要进一步的落实与填充。

表3–4–1　於以传老师设计的大概念教学活动设计模板

一、学习目标	1. 单元内容主旨
	2. 史学思想方法
	3. 情感态度与价值观
二、内容结构	—
三、活动设计	—

（续表）

四、作业评价	1．基础作业
	2．实践活动
五、课程资料	1．原始材料
	2．名家史论
	3．资源视频
	4．推荐书目

刘晓兵在《探索统编高中历史教材教学的新样态》中规划了更加具有操作性的四步走的方案：①抓大带小，立足教材实际的内容重构；②课魂统领，基于课程标准的教学立意；③问题解决，指向素养落地的史料演习；④灵动课堂，促进深度学习的立体架构。杨冬明在2021年发表的《基于大概念的高中历史整体性教学设计路径》中的设计路径也比较细化，他将教学设计分为五个步骤，分别是：①提炼大概念；②确定教学目标；③再构教学文本；④开发学习活动；⑤设计教学评价。每一个步骤下还有具体的实施方案与课例，为大概念视野下的教学设计策略提供了很好的范例。

本节聚焦于大概念与教学设计的互动关系，主要落实前三节提出的大概念教学原则、教材解读模式、核心素养培养路径，将它们注入到教学设计中。同时广泛参考其他教学设计的课例，归纳它们的共性与特点，争取提出一种具有大概念教学特色，且更具综合性、可操作性的高中历史教学设计模式。

根据一般教学设计的特点，我们将整个教学设计策略分为准备阶段、实施阶段和评价阶段，下面就不同阶段下如何运用大概念教学进行设计展开论述。

一、准备阶段

我们综合各家观点，将大概念下的教学准备分为四个部分：

1．读教材

本部分实际上包含了对教材和课标的分析，是王春丽和於以传的设计模式重点强调的内容。主要有如下要注意的点：①牢记课标中罗列的内容要求，掌握教学基本点；②考察课标中的知识点教材是如何表述的，哪一句话对应课标哪一个知识点，用了什么材料来证明；③精读课文标题、内容，分析课文中出现的高频词，这一点可运用第二节中提及的几个文本精读的方法，对教材所要表达的主旨有基本的把握。

2. 组逻辑

在掌握知识基本点的基础上，我们就要尝试着把这些知识点用一定的逻辑联系起来，我们可以运用第二节的方法，建立教材内部课与课、单元与单元、模块与模块之间的逻辑联系，也就是一些老师强调的对教学文本的“重构”。但重构的逻辑线索不能随意选择，必须依赖于对教材的解读来制定，比如《中外历史纲要（上）》第5课《三国两晋南北朝的政权更迭与民族交融》，我们在阅读发现“战乱”“民族”“融合”是高频词，因此用“战乱与民族融合”的线索来串联起本课知识点，解释魏晋南北朝一系列变化是比较合适的。反之，如果用中央官制的变化，或者生产工具的变化，难以串联起这一时期变化的逻辑联系。因此在建立概念体系的时候，必须要依据一定的逻辑线索，而不是孤立的一节一节的知识点分析，这是大概念教学设计与传统设计一个很大的区别。

3. 培素养

该环节实际上就是对教学目标的一个确定。在确定了大概念体系之后，在大概念正式提炼之前，我们还需要给大概念注入素养的目标，否则就只是一个比较初级的单元教学。正如第三节所讲，我们要根据课型的不同情况，树立不同的素养目标，比如在中国古代史部分，因为涉及古文与考古发现，大多数课程都涉及史料实证和历史解释的素养目标。而家国情怀的培养，由中国近现代史部分承担更合适，因为这些部分常常涉及近代列强对中国的侵略与中国人民反抗侵略的历史画卷，天然就是培养爱国情怀的场域。至于唯物史观，则贯穿整个高中历史课程体系，在每一个板块都有体现，即便如此，最适合培养唯物史观的仍然是经济史部分，比如工业革命、新航路开辟等，经济基础和上层建筑的互动比较紧密，很适合唯物史观的开展。一节课能够承载的素养目标是有限的，所以根据课程史实和逻辑体系，选择不同的素养目标，是课程设计所必须注意的问题。

4．树概念

这是聚焦学科重要概念的教学设计最重要的部分，注入了素养目标的大概念，也就是李惠军老师经常强调的“课魂”。这个“课魂”不能仅仅是知识点的简单表达与重复，还需要经过提炼与修饰，让它更加生动直观，更加突出大概念的核心要旨，这就需要探究新颖的表述，让学生能够一看到题目，马上对大概念有一个感性的认识。比如宋代，我们常常论述它政治上科举成熟，经济上商品经济发展，思想上向理学转向，但这些只是史实，没有素养的注入，也没有概念的提炼。《讲谈社·中国的历史》中表述宋朝是“中国思想与宗教的奔流”，这个“奔流”就突出了宋代变动的关键作用，给宋代注入了灵动的感觉，我们在教学中也可以参考。上海的苗颖老师据此提出了宋代“流动的王朝”这一立意，以“流动”为主题，突出反映了这一变革时期平民化的历史风貌，提炼出宋代向近世变革这一大概念，再辅以史料，有助于学生从史料研读中提升历史解释的能力，是基于核心素养的大概念教学的一次成功尝试。因此，我们要通过追踪学术前沿，广泛阅读文学作品、成语、俗语、诗词、名人名言等，并参考历史专业读物，提升自己的归纳与表达能力。

综上所述，我们在经典教学设计准备阶段偏重目标设计的基础上，糅合了对课文文本的精读以及知识点逻辑的串联、核心素养目标的确定，最后落脚于大概念的提炼，形成了一个比较完整且具备操作性的方案，突出了大概念教学的特色。

二、实施阶段

1．根据大概念及其素养目标制定合适的历史情境

上文已经提及，无论在大概念教学还是核心素养的落实方面，历史情境都是一个重要的枢纽，课堂往往借助历史情境导入和进行；学生在情境中理解概念，在情境中培养能力。历史情境的选择，在很大程度上决定了课堂知识点的教授以及大概念的落地，起着非常重要的作用。关于历史情境的选择，要注意与大概念和核心素养契合，围绕贯彻这两者来进行。情境的设计，要注意贴近学生的生活经验，符合学生的知识水平，但又要具有一定的问题导向性，这样才是一个比较成功的情境设定。黄牧航教授提

出应通过创设陌生、复杂、开放、真实的情境，锻炼学生的知识迁移、历史理解、知识运用和情感升华的能力，对于情境的创设规划了一个提纲挈领的方案。而广州的吴美娟老师的情境设计策略则更为具体，她将其归纳为：联系社会热点、巧用史料、贴近人物、善用细节，提供了一个比较实用的策略模式。我们在黄牧航、吴美娟模式的基础上，尝试继续细分情境类型，并尝试粗略归纳目前教学中有哪些常见的历史情境及其所适合的不同的核心素养目标[①]，为广大老师情境设计提供更具操作性的方案（见表3–4–2）。

表 3–4–2　教学中常见情境的归纳与整理

情境类型	常见材料	常用的素养目标
历史事件文字叙述	正史记载；历史笔记	五大核心素养均可
人物第一人称回忆	回忆录；口述录音；口述视频；书信	时空观念；史料实证；历史解释；家国情怀
历史地图	历史地图册；古代地图	时空观念
文学作品	诗词；小说；曲艺	史料实证；历史解释；家国情怀
历史文物	遗址；宫殿；印章；生产工具；货币；书籍；艺术作品等	五大核心素养均可
后人史论	专著；论文	历史解释
时事新闻	新闻视频；报纸报道	历史解释；家国情怀
统计图表	图表	唯物史观；史料实证；历史解释；

以上图表，细分了情境的不同模式，教师在进行情境设计时，可以根据这个方案梳理一遍课程所能够涉及的情境，并且根据实际情况进行选择，该表冀图为我们的情境教学设计提供一些参考。

2. 设计具有挑战性的问题

无论是大概念教学还是深度学习，都将设置具有挑战性的问题视为培

① 我们一定要注意，对这些情境及其所适合素养目标的解读只是根据常见的情况进行的一个粗略的归纳，事实上不同史料会有极其多元的使用方法，必然根据不同情况产生不同的素养目标，此处只是一个粗浅的解读。

养历史学科高阶思维，实现知识迁移与创新的重要手段。如何设置符合大概念教学要求的问题，在大概念教学的课例中有相当多的实践，我们结合不同的历史情境，将这些实践归纳成几种具有示范性的模式，为广大老师更好地掌握问题的设置提供一些参考。

（1）针对迷失概念进行设问。迷失概念是在学生对于知识理解不清晰的情况下发生的，是一些学生容易混淆和迷惑的概念，孙兴容据此认为，学生转化“迷失概念”的过程就是高阶思维的过程。笔者在课堂教学实践中发现，诸如“生产力与生产关系”“民主革命”“小农经济”“封建土地私有制的变迁”“近代化”等概念，常常在题目选项中出现，又常常是学生失分的重灾区，而这些概念，往往又与大概念的提炼密切相关，在核心素养方面更是与唯物史观密切相关。所以，我们在用大概念进行教学设计时，必须关注课程中学生过去经常提问或疑惑的概念，对它们进行重点解释和设问，甚至可以开设专题课程，用大单元的模式对一个概念进行解读。当遇到缺乏理论统领但又具备清晰脉络的课程内容，这种解读是课堂教学的上佳选择。笔者就曾经专门归纳了中国古代经济史中的生产力和生产关系的表现，以及封建土地私有制的不同形式。只有在厘清了这些问题的基础上，学生才能进一步对大概念有深刻理解，所以，针对迷失概念的设问，是大概念教学的应有之义。

（2）根据历史情境的细节发问，引导学生辨别史料时间、人物。这种设问模式偏重于对时空观念的考察，通过对史料一两个关键细节的把握，断定史料的时间、倾向，比如在记载中发现对于辣椒、番薯的记载，断定这是明中后期以后的史料。这类设问的目的还在于锻炼学生运用基本知识的能力，达到课标中时空观念水平 2—水平 4 的要求，是中学历史教学中一个比较主流的设问手段。

（3）引导学生找出史料的特征、意图，并与课堂知识相联系。这不仅是课堂教学的一个主要手段，更是当代历史考试的常用方法，主要在于锻炼学生史料实证与归纳的能力。这类型的历史史料往往与教材知识点联系紧密，或者干脆就是课文中的史料。找特征、意图的目的在于推动课堂教学环节的进行以及落实大概念的讲授，有助于知识点和大概念的快速掌握，使学生基本达到史料实证水平 2、历史解释水平 2 的要求，即运用历史术语，以史料论证自己观点的要求。缺点是教师往往容易预设立场，使得材料解读路径单一，没有挑战性，教师对大概念的理解比较粗浅，深度不足，这是我们在设置此类问题时需要特别注意的。

（4）引导学生分析，如果要证明史料或书本观点还需要添入什么材料。这种设问方式源于 2020 年教育部八省联考中广东卷的一个题目：对于西式阿拉伯数字的传入，除了试题中的材料，还可以补充什么史料？这类设问涉及的素养目标实际上就是史料实证水平 4 的观点，考察学生对史料性质的认识以及运用史料进行独立探究的能力。在八省联考之后，这类型的题目越来越多，值得广大师生重视与尝试。

（5）引导学生对比不同史料的差异，并分析差异背后的原因。相比（1）（2），这对于学生对知识的运用提出更高阶的要求，属于史料实证水平 4 以及历史解释水平 4 的要求，它引导我们关注同一个历史事件的不同看法，为什么会形成这些看法，以及关注史料背后作者的主观性倾向。比如《汉书》中记载刘贺“荒淫迷惑，失皇帝礼仪，乱汉制度”，但在考古发现中又发现其喜读《论语》，屏风上印着孔子画像。这两个迥异的历史情境背后，反映的是什么样的问题？如果我们要上一节关于汉代政治的大概念教学，怎么利用这个差异，是我们在设问时要考虑的问题。在近代史方面，杨冬明在讲授《戊戌变法》一课时，就运用康有为的自述与当时档案两者之间矛盾，以“对于同一事件公车上书，康有为和茅海建（档案）为什么会有不同的解释？”为问题，让学生注意分辨不同的史料类型，以及史料背后的个人意图，有助于推动学生历史思维能力的增强。这类问题设置要求我们的大概念提炼要有一定的深度与思辨力，不能是一个简单的史实称述，否则这类问题情境难以展开。

以上是我们对大概念教学下设问策略的一些归纳与总结，偏重于实践性，广大教师可以在实践中对于上述模式进行修正和添补，完善并聚焦学科重要概念的教学设计。

3．结构化板书与图示展现

大概念教学在实施环节，还需要重视的一个问题，就是在一个概念或单元结束后，要有一个结构化的板书或图示，以方便学生清晰地理解整个思维的过程，这也是体现阶段特征立意的关键环节。方美玲认为，结构化板书应当是学科（史实—历程）逻辑与认知（学科核心概念）逻辑合一的板书。比如杨冬明老师在分析启蒙运动时，就根据启蒙的缘起到实践的逻辑线索，规划了一个有关思想启蒙的板书，结构清晰，简单易懂（见图3-4-1）。

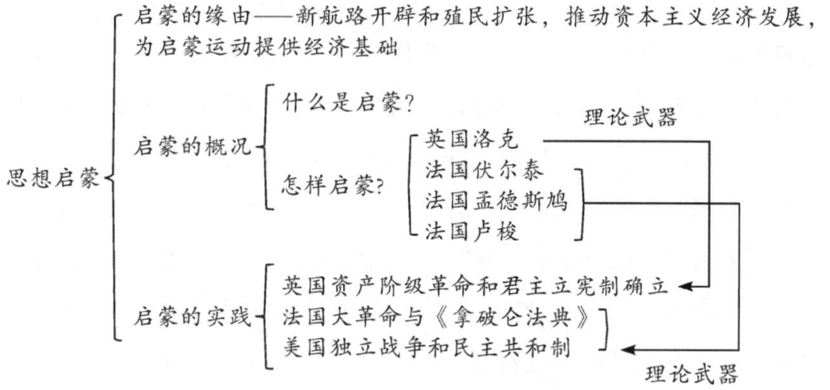

图 3-4-1　启蒙运动结构化板书

对于板书书写的线索，有如下几种模式：①根据课本顺序书写；②根据逻辑关系书写；③根据时间线索书写；④根据历史空间书写；⑤根据专题整合的书写。这几种模式，基本与大概念的划分模式相对应，是大概念教学直观的展现方式，值得我们在教学中实践。

三、评价阶段

2020 年修订的新课标将可操作、可检测作为教学目标设定的重要原则，提出了“准确把握学业质量水平，多维度进行学习评价”的理念与要求，并且确定了以核心素养为纲，符合学业质量要求，多维度进行评价，重视评价反馈的教学评价原则。这些规定含义比较宽泛，如何落实，是我们面临的难题。对于大概念教学来说，由于大概念本身具有教师主观的整合色彩，一个教师大概念的整合是否合理，是否明确，就需要利用评价来获取学生的反馈，否则就容易出现大概念过于晦涩，学生理解不了，或者过于简单，学生轻视课堂的问题。如何进行评价，目前仍然是专家和广大教师讨论和分析的难点，无论是大概念的贯彻，还是核心素养目标的实施，仿佛除了做题和考试，我们很难找出一个合理的评价手段。对于这种困境，笔者认为在课标规定的基础上，结合其他老师的教学实践，应当从如下几个方面更新评价模式，将核心素养目标内化于其中，体现大概念教学的特色：

1. 首先是课堂学习评价和实践活动评价的有机结合

不仅要关注课堂上学生对题目的掌控与正确率，也要关注学生在活动中的表现以及处理复杂历史情境的思路与能力。前者主要是通过提问和做题来表现，后者主要通过小组讨论、观点阐释、小论文写作来表现，前者是我们常常使用的手段，后者往往为我们所忽视。这就要求教师在课堂上多组织具有深度学习理念的探究性活动，让学生能够多发言、多展现，甚至于让更多的学生能够上台来讲课、展示，进行逻辑清晰、证据充足的历史解释。或者组织历史小论文、读书报告的分享活动，让学生对于一些具有挑战性的问题或者概念进行分析与讨论，教师从中判断学生对于史实的理解深度和史料实证的能力。此外，笔者在教学实践中，还尝试让学生依据历史材料自主设计选择题、问答题，让他们通过这种出题的训练、设置选项的过程，精炼自己的语言，考察他们对大概念理解的深度与对考察方式的熟悉程度，从教师被动传授、出题考察，到学生主位视角自主命题，是落实新评价模式一个有益的尝试。

2. 关注过程性评价，注重学生概念形成的过程

传统评价模式关注终结性评价，强调量化，而大概念模式下的新评价模式在传统模式基础上，更多地关注过程性与质性评价。如何认识这种转变，如何改进过去单纯依靠考试的办法？笔者认为可以依照大概念教学的理念，创新教学模式：

（1）充分做好学情调查。让学生在上课之前进行调查问卷，调查中可以选择与问答并存，以作业的形式让学生填写，考察他们对概念的感性认识，也有量化数据，以掌握学情，这样才能更好地与授课后的情况作比较。比如表 3–4–3 就是笔者在进行小农经济大概念教学之前对学生概念知识的一个考察。通过考察，我们可以看出学生对于这个概念的认识是比较混乱的，不知道小农经济核心特征是什么，也不清楚小农经济在世界经济模式中的变化。

表 3-4-3　关于小农经济的学情调查

小农经济重要特点调查（每人限选三项个人认为最重要的，样本数共 54 人）					
特点	票数 / 票	占比 /%	特点	票数 / 票	占比 /%
自给自足	54	100	男耕女织	30	55.6
铁犁牛耕	7	13.0	个体经营	29	53.7
抗灾脆弱	22	40.7	技术落后	4	7.4
精耕细作	17	31.5			
外国有没有小农经济？如果有，又有什么表现？（47 人填表，7 人未填）					
有	38	80.9	无	9	19.1
你认为高中三年教学中对小农经济的教学是否清晰准确？（51 人填表，3 人未填）					
准确	23	42.5	不准确	28	51.8

（2）创设让学生自主归纳概念的教学活动。在做好学情调查（问卷、概念归纳）的基础上，让学生通过课程学习，自主归纳概念，然后对比教师归纳的概念，发现自己在大概念认识上的进步，以及与教师预期目标的距离。这种方法可以使教师在课程开始之前充分掌握学情，还可以进行教学前后的情况对比，对学生之于概念掌握程度的进步能够有一个直观的把握，改变过去质性评价缺乏标准的问题，而且紧扣学科重要概念，为我们探索评价新模式提供借鉴，同时涉及学生大概念下自主学习模式的创新，还将在第五节详述。

3．分类分层评价

关于分类分层评价，最具参考价值的就是课程标准中对于历史学科核心素养的水平划分，但水平划分毕竟是一个概念性的总体描述，不能直接用于评价测量，因此，如何提出具体的、可操作的分类分层模式，一直是教育研究讨论的热点，教育专家提出了多种分类意见。比较有操作性的是黄牧航的历史学科关键能力划分法，他将历史学科关键能力分类为历史思维能力、历史信息获取能力、历史探究能力、历史表述能力四个种类，每个种类又有不同的层次，可以为教师分类分层评价提供借鉴（见表 3-4-4）。

表 3-4-4 历史学科关键能力的种类及其层次

关键能力的种类	关键能力的层次
历史思维能力	第一层：对历史问题提出一个合理的解释或评价
	第二层：对历史问题提出两个合理的解释或评价
	第三层：对历史问题提出两个以上合理的解释或评价
	第三层：对历史问题提出两个以上合理的解释或评价，并进行批判性思考
历史信息获取能力	第一层：获取一个有效信息
	第二层：获取多个有效信息
	第三层：获取多个有效信息并进行分类
	第四层：获取多个有效信息并进行分类，排除无效（干扰）信息，并作出说明
历史探究能力	第一层：提出一种探究的思路或方法并得出结论
	第二层：提出多种探究的思路或方法并得出结论
	第三层：提出多种探究的思路或方法并得出各自的结论，能综合评价各种思路、方法和结论
历史表述能力	第一层：正确地运用历史概念和术语
	第二层：正确地运用历史概念和术语，准确地叙述历史事物
	第三层：正确地运用历史概念和术语，准确地叙述历史事物，清晰地评议历史事物

黄牧航老师根据全国卷考查目标提出的模式，比较贴合考试考核的要求，也给教学目标设计提供参考，是一种可以操作的模式。缺点是第一、二、三层以“一个”和“多种”来区分，缺乏思维进阶的层次，还需要在教学实践中进一步完善。

此外，也有根据问题层次进行评价的模式。四川师范大学的孙兴容在硕士论文中，将问题划分为简单问题、关键问题、关联问题，并依据问题层次的不同，围绕“关键问题”“关联问题”按照难易程度制定出一个表格，把学生的参与人数、回答问题人数、回答内容等简单列出，如此，在课后反思时完成表格内容，既可保证问题教学的质量，又可启发教师思考其中的优劣之处，以优化下一次课堂教学。但该模式的问题是没有明确其中素养与能力的目标，见表 3–4–5。

表 3–4–5 《中华文明起源与早期国家》教学过程评价参考表

问题层次	问题设置	学生参与人数	回答问题人数	正确率
简单问题	什么是新石器时代？			
	仰韶文化时期，南北方栽培作物的差异是什么？			
	中国原始社会分为哪几个阶段？			
	禅让制是一种什么制度？			
	禅让制什么时候结束？			
	禅让制被什么替代？			
	西周是用哪些制度管理国家的？			
关键问题	私有制、阶级、国家三者之间什么关系？			
	分封制与宗法制的关系是什么？二者有什么意义？二者对中华文明有什么影响？			
关联问题	中华文明产生的要素有哪些？			
	代表“文明”的要素具体有哪些？			
	部落与国家的区别是什么？			

综合上述不同模式，可以发现分类与分层的模式，基本上是与对问题的解决、对能力的培养密切结合在一起的，笔者认为，对能力的分层，应通过对情境、问题的分层来实现，所以我们如果要设置自己的分类分层评价模式，也必须关注两者之间如何搭建联系，这是值得教育学者和一线教师思考的问题。

第五节　以大概念教学引领大概念学习的模式探索

目前关于大概念教学的研究，主要集中在教师如何教、教材如何解读、教学如何设计等方面，针对学生怎么学的研究，可谓是凤毛麟角，也说明这一领域还有很大的研究空间。虽然课程标准中多次提出要“激发学生的学习兴趣，培养学生的探究意识”，并且强调教科书要“引导学生积极思考，主动探究，促进学生自主地形成对历史的认识……提供学习方法的指导，引导学生学会学习”。但是，究竟该如何落实这些原则性的指导，大概念教学在其中又能发挥什么作用，是摆在所有教育研究者及一线老师面前的一个挑战。本节将对这些问题展开初步的探索，以求为大概念引领下学生学习模式的探索这一领域提供一些思路。

一、依据课本知识，建构概念模型

课标中多次提及教科书在学生学习中的核心作用，也强调了书本要引导学生学会学习。因此，在第二节教材解读方式的论述中，笔者已经强调了教材精读的重要性，但那更多的是针对教师如何教。在本节，笔者应当让学生来尝试精读课本，感受课本重点，引导学生该如何学。为此，除了上文提及的高频词、关键词模式，我们还应引导学生关注课本中的学习聚集、思考点的设置。尤其是让学生学会将每一课的学习聚集串联起来，考察本课的主旨意涵。比如《中外历史纲要（下）》的中古时期的亚洲，学生对于相关地点和知识都十分陌生，因此我们需要阅读学习聚集，发现学习聚集中多次强调东西方交流、东西方历史，以及南亚与伊斯兰文明交融、东亚中华文明圈的交融这类关键词，学生由此把握“文化交流与融合”是本课的关键知识点，“文化交流与融合”也是教师大概念归纳的一个高频出处，反之，如果学生泛泛地阅读课本，把重点放在阿拉伯与奥斯曼强大的军事实力上，则错失了理解课本主旨的机会。

又比如《中外历史纲要（下）》第 2 课《古代世界的帝国与文明的交流》中，涉及的地区和民族繁多，有政治、经济、文化，知识点十分繁杂，学生从课文中分析本课的几个概念会比较棘手。但如果通过两个思考点（思考点 1：哪些因素促使古代世界农耕文明的范围和影响不断扩大？思考点 2：为什么字母文字会广泛流行？）来分析，寻找这些思考点的共性，再结合学习聚集，就会发现本课重点在于强调“经济模式对于区域扩张与文明交流的基础性作用”，这样就能很快地掌握本课最核心的概念要求。学习聚集以及思考点中的“农耕文明”“区域扩张”“文明交流”等词，直接为学生形成大概念提供了关键词支持。因此，借助课本元素，学生自主学习，自主归纳，有助于大概念模型的构建，这是一种教学的捷径。

二、自主提炼概念，运用概念考察历史

大概念教学，不仅仅是教师传授，更应当是学生去运用、建构、完善概念。上文提及的小农经济大概念建构，在上课之前，先不揭示小农经济的主旨概念，而是先进行学情调查（以作业形式），让学生先写下自己对概念的感性认识。在随后的课堂教学中，改变过去教师单纯传授概念的模式，让学生通过一个个历史情境，修正自己的观点（比如庄园制是小农经济等），最后让学生自主归纳概念，考察他们对课堂知识点的熟悉、概括和归纳的水平，同时锻炼他们的历史解释能力。教师自己的大概念，只是其中的一种解读模式，不是一个标准的答案，师生之间可以对比彼此的概念，比较双方的差距与相似程度。

随后，学生还应当运用自己总结的大概念，去验证历史情境。比如有同学认为在小农经济概念中小农经济一定是自给自足的，那么面对明清时期小农经济大规模商品化的史料，是否还能用自给自足来解释呢？自己的大概念模式是否要修正呢？通过解决运用大概念中遇到的种种具有挑战性的问题，学生锻炼了自己历史表达的语言能力，同时核心素养目标中的史料实证与历史解释的能力也不断加深。笔者认为这不仅是教学的创新模式，也是一种符合大概念教学理念，易于操作的学习模式。

示例：小农经济概念的调查问卷

1. 谈到小农经济，你认为最为重要的几个特点是什么？（勾选三项）

①自给自足□　②男耕女织□

③铁犁牛耕□　④个体经营□

⑤抗灾脆弱□　⑥技术落后□

⑦精耕细作□

2. 请你用自己的所学知识给小农经济写一个定义。

示例：

同学A：小农经济主要存在于古代中国，具有自给自足、个体经营、受自然环境影响严重等重要特征，是在强有力的中央集权封建政治体制王朝中不断巩固、发展出的一种强大而又脆弱的传统经济模式。

同学B：小农经济是中国古代封建土地所有制的一种表现形式，是我国自然经济最重要的部分。它的出现反映了中国从分封制国家向中央集权国家的转变。

3. 外国有没有小农经济？如果有，又有什么表现？请列举。

示例：

同学A：有，欧洲封建制度各级封建主的土地私有，也是一种封建土地所有制。中世纪欧洲的庄园，自己从事农产品生产，自备武装，也是自给自足的生产方式，与汉代田庄经济类似。

同学B：有，中世纪西欧庄园制；自给自足，封闭，庄园内人身依附强，产品少量供应市场。

同学C：没有，外国没有真正具备小农经济特点的经济。据高中教材，西方文明以雅典城邦文明为早期的典例，城邦发达，但没有小农经济特征。中世纪的欧洲虽然是封建制，但其经济多为封建领主土地所有制，仍未拥有小农经济的几大特征。

4. 你认为高中三年教学中对小农经济的解释是否清晰准确？

示例：

同学A：小农经济部分概念没有指出，与其他经济存在的交叉与区别不明确，与其他经济相比的优缺点不明，小农经济如何阻碍商品经济、资本主义不清。

同学B：定义很抽象，只是给了几个特征，不够清晰准确，只侧重于中国自身的特征，外国历朝历代有无所谓“小农经济”，如果没有是何原因？相比中国又有何异同之处？

三、逆向质疑问题，探索再生问题

逆向质疑，再生问题，这两个概念是孙兴容在其硕士论文中提出的。

他认为一个问题的结束不等于思维的结束，当问题解决完成以后，是否由此生成新问题，是判定是否践行了深度学习的重要标准之一。笔者认为这不仅可以是深度学习的标准，也可以为大概念教学下学习模式所借鉴。比如孙兴容举例指出，针对“早期中华文明的起源与早期国家的形成”这一大概念，学生完全可以针对“文明”这一概念继续逆向质疑，产生再生问题，如“何以判定仰韶文化等就是中华文明的一部分？”“何以有‘中华’的概念？”“这些早期国家和今天的国家的概念是否一致？”通过对这些问题的解答，对“文明”“中华”等概念又需要作进一步诠释，不仅对于学生，对于老师也是一次新的学习体验。

又比如笔者在教学实践中讲授中国近代史“新民主主义革命的起源与发展”这一大概念时，很多学生逆向发问，“有新民主主义，那旧民主主义又是什么，二者区别在哪里？”“五四是新民主主义开端的说法形成于何时？”“当时的人认识到新民主主义革命到来了吗？还是说这只是后人的归纳？”这里面的问题，涉及了唯物史观、历史解释等多层次，让笔者认识到原有大概念的模糊性，需要进行进一步的阐释与解读。因此，通过问题逆推，层层解剖，不明晰的大概念或许会被推翻，或许会越来越清晰，有助于推动教师大概念提取能力的成熟，更重要的是锻炼了学生解决问题的能力。要锻炼学生这种逆向质疑概念的能力，需要我们在平时的训练与课堂教学中多示范、多引导，让学生面对各种概念敢于发问、善于发问，推动大概念教学的成熟发展。

四、分解作业素养目标，完善单元作业模式

大概念教学学习模式转变的另一个重要环节，便是单元作业的布置，这是落实大概念新理念的关键步骤。如果我们在教学环节运用新理念，而在作业布置上沿用旧方法，那么往往学生延续的仍然是旧思维，素养目标建立将功亏一篑。当前在作业布置上的主要问题，是功能单一，缺乏目标意识，缺乏整体性，以量性评价为主。在2021年教育部新课程培训中，不少老师针对这些问题提出了改进的意见，为我们探索学生学习模式的转型提供了一些新的思路。如北京的李静老师在谈到单元作业布置时，就认为应当遵循单元作业设计与评价结合，做到：①在具体的情境中理解考察

对知识的理解；②关注单元内部知识的综合；③关注史学方法的培养；④体现不同历史素养水平的进阶；⑤综合问题的解决，指向高阶素养的考察。在这种思想指导下，单元作业应当具备诊断、激励、启发、沟通的功能，要增添诸如论文写作、专题讨论、概念归纳等形式，指导学生转变学习模式，改变过去偏重于选择题练习、大题用模板的窠臼。从识记基本时空要素，到搭建历史知识结构，到构建史实逻辑关系，最后升华为史学方法与历史价值观的成熟，教师在这个过程中也要注意改变作业布置与批改的模式。在布置方面，要注重在作业中创设情境，同时设置问题要有不同的素养水平目标，争取做到每一个设问背后都有其素养培育的要求；在作业批改方面，多尝试评语化的批改，尝试对不同学生的个性化批改，在作业中启发学生，与学生交流，推动学生学习方式的改进，最终落实我们对大概念教学的种种设想。

以大概念教学引领大概念学习的模式探索，目前还是一块有待探索的全新领域。在这个领域，教育专家的理论指导固然重要，但更需要一线教师大量实践的探索、案例的呈现、模式的总结。如何更好地激发学生兴趣，在大概念的指导下引领学习模式的更新，有待更多的一线教师参与。

第四章

以教导学：大概念教学引领下的深度学习策略研究

深度学习是师生共同参与的过程，在当下学界强调学生本位的氛围之下，我们尤应防止矫枉过正。在常态化课堂教学过程中，教师以课标和教材为基石，精心选取大概念，起到把握方向的主导作用，这无疑是至关重要的。因为“主导”的强弱很大程度上影响着教学目标的完成情况。

一般来说，学生在历经课前的浅层学习后对基础知识已经有了机械性的记忆和印象。易言之，学生其实是带着一定的知识走进高中历史课堂的。在此情况下，教师带领学生爬梳大概念的内涵、外沿、选取过程和使用方法，就为他们提供了一种手段，使其得以循此对知识进行进一步的加工，从而走向深度学习。可以说，大概念教学助力大概念学习的推进，大概念学习引导深度学习的发生，而深度学习的优化又呼唤教学模式和方法的改进（亦即促使大概念教学的不断精进），这是一个以深度学习为出发点和落脚点的良性教学循环。

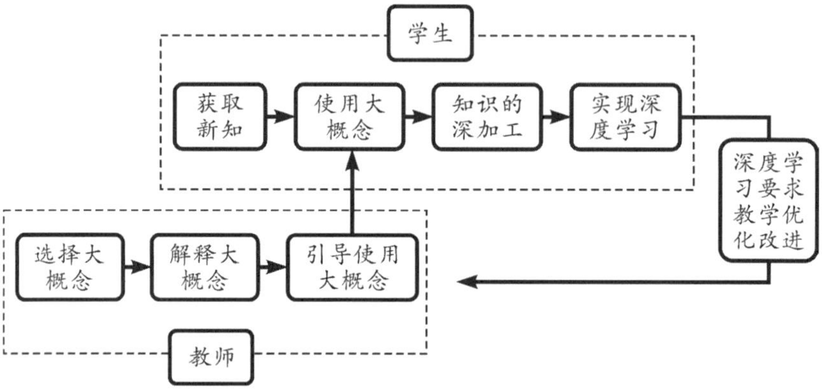

图 4-0-1　良性教学循环

第一节　指向高中历史深度学习的大概念设定原则

目前中学历史教研领域所讨论的大概念大都是立足教学来谈的，其初衷是给教师教学提供有效的路径和抓手。课标中所提到的“重视以学科大概念为核心，使课程内容结构化”，带有较强的教学倾向性。但教师的

“教”最终要落实到学生的“学”，教学的有效性主要体现在学生的进步和发展上。我们推进新课改要解决的终极问题实际上是学生如何实现深度学习。在这一过程中，大概念不应仅仅为教师所用，还应当为学生所取。由此，我们对大概念讨论的重点也应由教学转向学习。同样是大概念，当我们研究的主体对象由教师转向学生时，亦催生出诸多异向。那么，指向深度学习的大概念应该如何设定呢？

一、梳理教材，依托史事逻辑寻求概念设定

以通史体例为主导的统编教材，课时内容纷繁复杂，所涉史事虽以时间断代，但内中事情往往旁逸斜出。再加之，新教材里的非洲史、东南亚史在既往教学中亦涉及较少，一线教师授课时往往“剪不断，理还乱”。当我们站在学生的视角去审视统编教材时同样会发现，学生也是“丈二和尚”难以明辨。

人教版旧教材往往会给学生提供一个解读课本内容的切口。比如，人教版必修 1 第 2 课的题目是《秦朝中央集权制度的形成》。学生看到这个题目后，脑海中会立刻萌生几个问题：什么是中央集权？为什么要实现中央集权？秦制如何体现中央集权？中央集权产生了什么影响？学生带着这些问题去读教材，去学习听课，自然会有理可循、有理可依。再比如，人教版必修 3 第 16 课的题目是《三民主义的形成与发展》，学生看到这个题目马上就会联想到，本节课的重点一定是三民主义发展的几个不同阶段及其特征、影响。这种题目的设定和内容的取舍，虽有后出剪裁的嫌疑，但起码为学生提供了历史解释的落脚点。

而基础不太好的学生看到通史体例的教材往往无法自主提炼出逻辑线索，读完课本后如坠云雾，很难把握关键知识和重难点。我们以《中外历史纲要（上）》第四单元为例。本单元的三个课时题目分别是《从明朝建立到清军入关》《清朝前中期的鼎盛与危机》《明至清中叶的经济与文化》。学生读完教材后摸不清主次：《从明朝建立到清军入关”具体会讲述什么呢？学生看到题目很难产生问题，因为题目的表述有些类似时间状语。因为缺乏问题意识的引导和启发，学生只能是以“看热闹”的形式对史事的基本发展脉络进行读、记、背。如此，历史解释能力如何培养？家国情怀

怎么体现？唯物史观怎样贯彻？“历史是已经画上句号的过去，史学是永无止境的远航。”事实上，教师不是在教历史，而是在教历史学，应该引导学生“对史实的认知”和“对所认定的史实的理解和诠释”。教材的革新决定了我们要为学生学习提供知识结构的原点——大概念。

为此，不论是教师教学的大概念还是学生学习的大概念，都应立足教材的深度梳理，挖掘课时内容所涉史事背后的逻辑。毕竟大概念是在学科知识基础上抽象出来的深度的、可迁移的概念。比如，《中外历史纲要（上）》第五单元讲述的是晚清之际中国面临的内忧外患以及社会各阶层救亡图存的斗争。教材在这一单元共设置了三个课时，从两个角度阐释了这段历史：列强对中国的侵略、国人对入侵行为的反应。这显然是以典型的“冲击—反应”学说进行审视。虽然历史学界对此早已产生诸多争议，认为该学说容易萌发出“中国中心论”等学说，但教材的编排却仍循此推进。在第 16 课《两次鸦片战争》的第一个子目中，课本就提到“欧洲资本主义不断发展，而清政府对世界形势的变化浑然不觉，中国仍然停留在封建社会”。此后几课的内容依次沿着“战争—自救—战争—自救……”的规律展开，在这一过程中，国家近代化不断推进。在摸清教材编写规律和基本史事线索后，笔者将整个单元的学习大概念设定为“晚清中国近代化中的破与立”。近代化“是一个完整的社会变革系统工程”，它包括政治、经济结构和思想观念的嬗蜕。这个过程既伴随着国家主权领土之破、传统文化地位之破、小农经济形态之破，也伴随着民主共和之立、民族资产阶级之立、西学思潮之立，不破不立，有破有立，破立共生。学生根据这一概念去读教材便会有逻辑框架的支撑，读完教材后他们通过思考会有一个初步的知识框架在脑海中形成。他们会自然而然地把相关知识填充到“破”与“立”的两个面向，并进一步思考“破”与“立”的关系。

按照这一理路学完本课后，学生收获的不仅仅是结构化的知识，还会尝试运用类似的思维去理解和看待其他史事，甚或其他学科的知识。这即是深度学习所谓的“能力迁移”。

二、依托课标，围绕素养培育寻求概念设定

中学历史大概念本身不仅具有深厚的学科内涵，同时还兼备哲学式的思维外延和强烈的价值渗透。因而作为学生学习重要渠径的大概念，包含较强的思维方向性和价值导向性。但在以往的讨论中，我们常常站在教师备课的视角对大概念的知识结构化功能投以过多强调，知识之外的育人成效反而述及不多。

实际上，从此前的三维目标到如今的核心素养，课标对学生的要求从来就不只是停留在知识记忆的单一维度。为了解决学生的学习活动仅停留在知识记忆这一问题，我们一般会采用课堂活动等方式提高学生学习的主动性和参与度，进而提升有效性，推动学生深度学习的发生，可实际效果往往不佳。因为一线教师常常把握不好自己在教学活动中的用力程度，从而陷入两难：一方面，如果只是简单地放手让学生分组开展自主学习、预习活动，基础较差的学生往往无从下手、两眼一抹黑。学生只能通过阅读，知道史事的大体线索和脉络走势，不知道从哪个角度建构史事之间的关联，也就无法通过历史解释，深度体会所谓的事件性质和深远意义。另一方面，如果我们给学生下发了精心设计的导学案或活动方案，教师的“主导”作用难免越位到“主体”，本质上仍是老师牵着学生走。在此情况下，学生自主学习的能力无法得到深入培养，学生的主体地位难以真实展现。

对此，教师要尝试设定与课标要求高度关联的大概念，为学生提供一个方向性的指导和历史解释的方向，使学生自主学习有的放矢。此处的大概念不是一份完整的学案，只是具有较强导向性的问题或问题链。这样一来，教师在教学中的作用便被限定在方向引领层面，学生成为学习活动的主体。因大概念由课标而来，学生在围绕大概念进行学习的过程中，势必会深化对课标要求的理解，这样的学习也就不再是停留在浅层的学习。在实际操作环节应如何具体实施呢？我们以《中外历史纲要（上）》第 18 课《挽救民族危亡的斗争》为例进行详说。

新课标对学习晚清史提出的要求是“认识列强侵华对中国社会的影响，概述晚清时期中国人民反抗外来侵略的斗争事迹，理解其性质和意义；

认识社会各阶级为挽救危局所作的努力及存在的局限性”。这一要求并非针对某一课时提出，而是对整个第五单元的统摄，很难依照某一课时对课标进行分解。由此，我们应该如何进行概念的设计呢？教师首先需要统筹课标和教材，进行对照互证。

第 18 课共有四个子目，分别讲述了“戊戌维新运动”“义和团运动”“八国联军侵华”和“民族危机的加深”。四个子目共涉及三个阶级的救亡努力，分别是资产阶级的变法、农民阶级的革命和地主阶级的互保。如果我们不对资产阶级和地主阶级进一步细分派别的话，那第 18 课完全涵盖了课标中的“社会各阶级”。因此，笔者将本课的大概念确定为“晚清中国各阶级保家卫国的斗争”。学生在拿到这一概念后会进行初步思考：“各阶级”具体包含哪些阶级？他们分别进行了什么斗争？斗争的结果是什么？影响斗争成败的因素有哪些？学生循着上述问题展开学习和讨论，自然能对课标当中的几大要求有初步掌握。学生通过阅读教材，知道“他们分别进行了什么斗争”就一定对“社会各阶级为挽救危局所作的努力”和“斗争事迹”有所掌握；知道“影响斗争成败的因素有哪些”就一定对“努力”及“存在的局限”有所了解。

此外，笔者在大概念的描述中加入“保家卫国”的论述亦有涵养核心素养的内在用意。因为课标对这一课的要求不仅仅是知识性的，还要求学生“理解其性质和意义”。这是一个情感价值观层面的塑造。如果我们像常规课堂一样单纯地从国家层面进行讨论，未免有“空中楼阁”之嫌，学生根本无法以“了解之同情”对课本中的史事进行解读。历史进程中的人物之于作为个体的学生，感触最深、感受最直接的显然是家族和家庭。“天下之本在国，国之本在家。”作为传统儒家思想的重要组成部分，“家—国—天下”乃是互为支持的认同链条。从“保家”出发讨论“卫国”，才更容易从情感上实现认同感、归属感、责任感和使命感的塑造。

三、侧重迁移，关注概念设定的跨学科属性

由于以往灌输式教育的泛化，学生对历史知识的学习往往停留在记忆层面。这就导致基础较差的学生常常将历史课当成背书课，基础较好的学生也仅仅是能够运用所学历史知识进行正确的解题。新课标指出，历史学

要发挥“探寻历史真相，总结历史经验，认识历史规律，顺应历史发展趋势”的社会功能。这就要求学生不仅能背书，会做题，还应具备基本的史学素养和研究能力，用功于课堂而建功于课外。另一方面，学科知识能力的迁移也是深度学习的必然要求。那么，一线教师应如何推动历史学科走向“使用”和“实用”呢？大概念能够为此提供什么助力呢？

历史学科不能等同于理化生，其知识本身的实践性和应用性不强，可迁移性较差。教师在课堂上需要授之以渔，完善学生的学法指导，在知识层面外，注重培养学生的能力，以帮助学生达到触类旁通、举一反三的学习效果。这就要求教师在设定概念时侧重其迁移属性。

在设定大概念时，为充分考量其可迁移性，教师必须在学科化与去学科化之间寻找平衡。具体来说，大概念的设定既要立足于高中历史教材和课标，其落脚和归宿又要能超越历史学科壁垒。例如，在讲授《隋唐制度的变化与创新》这一课时，有学者将大概念确定为“制度创新是推动社会发展和进步的动力”。这一概念当然与课本内容高度契合，但值得“借题发挥”的是，它不仅可以引领隋唐制度史的学习，也同样适用于政治学、社会学、法学领域的探究。学生在围绕这一概念对教材进行解读之前必然会有所思考：制度创新为什么能推动社会发展？制度创新如何推动社会发展？这些问题不是历史学科特有的问题，对这些问题的思考也不是纯粹对史事人物关系的推理，而是一种跨学科思辨能力的运用。因此，学生利用这一大概念对本课进行学习后，自然会掌握一定的社会科学研究观念、方式与方法。

当然，概念的使用是以学懂弄通概念本身为前提的。这就要涉及概念的接受性问题了。

四、以学生为中心，充分考量概念的接受性

作为学习工具的大概念与作为教学抓手的大概念存在诸多不同。教师利用大概念进行教学，需要着重考虑的是：大概念是否契合课标要求，能否实现教材内容与学科核心观点的结构化？课堂实施是否因此而变得有线索、有条理？此外，教师也会考虑到学情，可大多体现在教学设计的具体细节。学生使用大概念进行学习有一个十分重要的前提，那就是必须充分

理解与接受大概念，否则就会陷入人言言殊、鸡同鸭讲的尴尬处境。

举例来看，《中外历史纲要（下）》第8课《欧洲的思想解放运动》，主要讲述了文艺复兴、宗教改革、近代科学的兴起，以及启蒙运动。上述内容在人教版高中历史旧教材中是整整一个单元的体量。课时容量决定了知识点和考点的纷繁复杂。此时，教师可以根据以往的教学经验将本课的大概念确定为“人文主义复兴的历程”。但这一概念并不适合学生用以自主学习，因为这一大概念中有两个容易产生歧义的词。一是“人文主义”。学生在学习智者学派、苏格拉底时当然接触过“人文主义”，他们也能基本理解，人文主义包含以人为中心、肯定人的价值、追求现世幸福等内涵。但在本节课的学习过程中，人文主义是被置于神学、教会和君权的三重压迫下来谈的，在每个阶段都有不同的情境侧重点，学生未必能够领会。二是“复兴”。在本课的第一个子目，教材中提到，“复兴”就是“再生”的意思。但实际上作为大概念的“复兴”不能简单理解为“再生”，它还包含着对中世纪宗教神学、君权思想的反动，以及人文主义再生之后的再发展，这是一个暗含着正反两面、双向并进的动态词。须知“复兴”既包括宗教神学、君主专制的层层脱落，也包括发掘人性到反教会、反君主、倡民主的步步递进。这种概念本身的复杂性就决定了大部分学生是难以接受的，依此开展的大概念教学设计在教师的视角来看可能是成功的，但学生的大概念学习一定会遇到困难。

鉴于这一问题，教师在给学生提供学习大概念时可以有两种不同的处理方式。

一是将复杂的概念简单化，提前为学生讲解概念，使他们带着对概念的清晰认识去学习。比如，在对人教版高中历史必修3第19课《建国以来的重大科技成就》进行一轮复习时，笔者以“科技复兴”为大概念，对教材进行了整合。在既有的认知基础上，学生很容易通过字面意思揭示“科技复兴”背后的两大深层含义：一是中国古代科技曾领先世界，但明清时一度落后；二是晚清以降，中国的科技发展逐渐摆脱了落后局面。习近平总书记也曾发出类似的疑问：“为什么从明末清初开始，我国科技渐渐落伍了？”此处的“落伍”应当如何理解呢？笔者尝试让学生以思维曲线图的形式对这一问题进行解答。如图4-1-1所示，大部分学生画出了一条以明清为顶点的抛物线，这显然与史实极不相符。

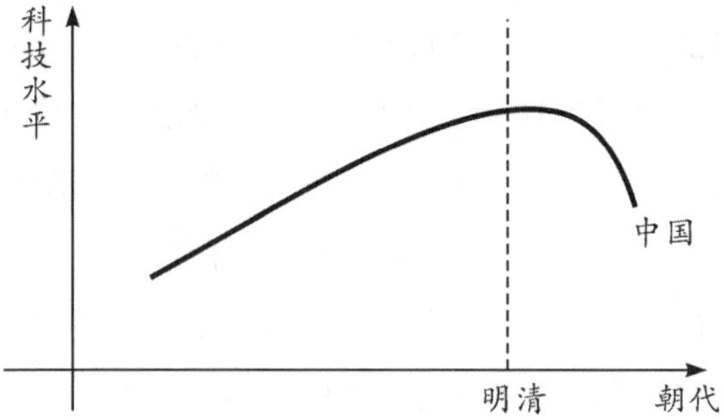

图 4-1-1 明清中国科技水平思维曲线图

笔者继而向学生提问，难道“落伍”意味着倒退吗？科技发展会出现断崖式的倒退吗？笔者尝试让学生在图中同时画出中西方科技发展的两条曲线，结果出现了下列两种答案。

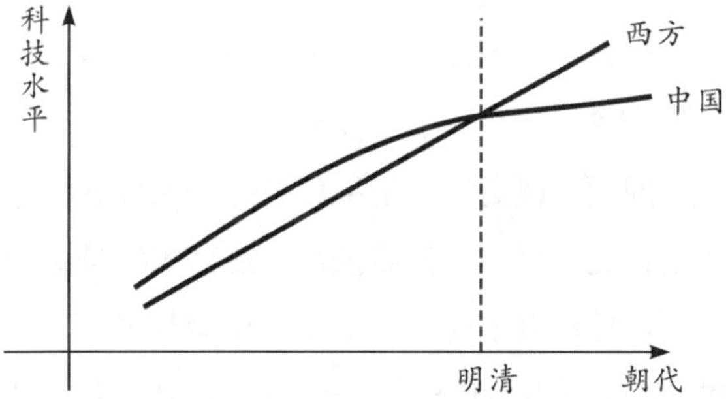

图 4-1-2 明清中西科技水平思维曲线图

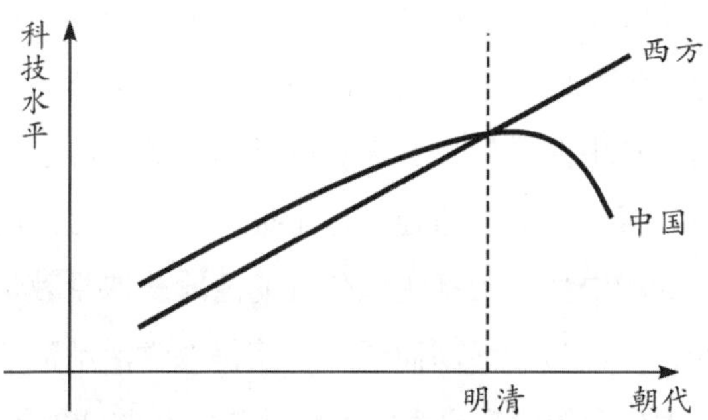

图 4-1-3 明清中西科技水平思维曲线图

不难看出，很多学生陷入了图4–1–3的思维误区，即认为与前代相比，明清科技水平下滑了。科技的发展是前进的、上升的，是伴随着人类社会由低级走向高级的，在瓶颈期或许是原地踏步的、停滞不前的，却绝不是倒退的。我们平常上课时所讲的“落后”应该如图4–1–2所示，是中西比较的产物。这种“落后”应当是建立在中西共同进步基础上的。只不过，中国科技发展的速度和水平渐被西方反超。相应的，中国科技的“复兴”也应是中西对比的结果。这种比较史学的视角，无疑为学生提供了学习的空间。这种学前的详细解释是很有必要的。

二是教师设定的大概念本身不存在难以理解的词和语义。在学习《中外历史纲要（上）》第19课《辛亥革命》之前，笔者为学生提供了一个大概念:“资产阶级革命派的反帝救亡运动”，要求学生围绕这一概念进行预习和自主学习。这是一个本身相对比较容易接受的概念，因为学生在此之前已经学过地主阶级抵抗派、地主阶级洋务派和资产阶级维新派的救亡动作。学生得到这一概念后首先会问：资产阶级革命派是哪些人？他们与维新派有何不同？这恰好是课本第一子目的内容，学生只要通读本课课文即可对其发展脉络有明确的了解。而“反帝”和“救亡”为学生学习辛亥革命提供了两个观察问题的视角：一是革命派为反帝而暴力抗清、制度防袁；二是革命派为救亡而建立民国，制定约法。这其实就是课本上的主要史事内容。此外，本课的课标要求是“理解辛亥革命与中华民国建立对中国结束帝制、建立民国的意义及局限性”，这与笔者提供的大概念也高度契合。

五、服务活动，重视概念设定与教学形式的契合

传统的历史研究是一门在故纸堆中考镜源流的学问。近年来历史人类学在大陆的兴起逐渐解放了历史研究的空间，使历史学者走出书屋，走向田野，在实践与活动中探寻历史真知。课堂内外的学习活动无疑是培养学生综合素质与核心素养的重要路径，也是推动学生学习走向深度的重要形式。但以往中学的历史教学大都仍以传统的灌输式课堂教学为中心，缺乏课堂活动与实践，亦或为了活动而活动，使得课堂活动流于形式化、低效化。因此，学习大概念的设定要为学习活动与实践的开展留足空间。

举例来看，在讲授《中外历史纲要（上）》第23课《从局部抗战到

全面抗战》时，课标一开始就明确要求学生“了解日本军国主义的侵华罪行”。如何才能使课标落实落地呢？如果仅仅是在课堂上列举文字史料，罗列长串数据，播放影像资料，学生没有代入感，对日军侵华罪行的体会亦不深刻。为了解决这些问题，笔者在开课的前一周布置了周末作业，要求学生以“日军侵珠”为大概念，组成学习小组，到革命遗址进行参观、拍摄，寻找抗战亲历者进行口述历史访谈。笔者所设计的大概念中“侵珠”与与课标要求中的“侵华”有一字之差。原因几何？因为“侵华”二字在实际教学过程中是无法展开具体活动的。“华”本身就是一个极其恢宏的空间概念、文化概念。“珠”是本地，具有一定的地缘优势，学生的学习有了实践活动的可能。学生通过亲身探寻，对身边发生的历史有了极大的共情和深刻的印象。

在课堂的展示环节，笔者让学生分小组进行汇报。有的小组利用H5软件绘制了《珠海遭受日军侵略时空图》，他们的时空图以地图结合时间轴，配以动态的历史图片，全景式地介绍了珠海沦陷的整个过程，只要扫描二维码就能通过手机观看。有的小组还邀请学校广播站的同学进行同步朗诵，声情并茂，极具现场感染力。还有的小组利用PR（Adobe Premiere Pro）软件制作了视频。他们在播放视频的同时，还配合团队的现场情景表演，为听课的师生介绍了他们外出考察与采访中最难忘的瞬间。视频与表演的完美结合，在听觉、视觉与悬念设置上，都给人以极强的震撼。

在此之后，教师可以引导学生以小见大，由珠海看全国，讲述日军侵华的主要罪行。经过这一展示环节，学生的学习兴趣和参与度得到了有效提升，综合素质与核心素养得到了有效的塑造。

深度学习对学生的学习方式提出了新的要求。如何实现学生学习走向深度，是当前学界的热点问题。笔者尝试将大概念作为实现深度学习的路径。在这一过程中，使用大概念的对象由教师转向了学生，从而带来了一系列设定原则上的转变。对学生而言，大概念是用来帮助梳理教材、厘清学习线索的，因而要注意依托史事逻辑的脉延；学生主动学习的过程中容易出现方向的偏颇，故而概念的设定仍须对照课标，围绕素养培育去落实；深度学习强调对知识本质的理解、对真实问题的解决和能力价值的迁移，故而概念的设定需要注意其本身的跨学科属性；在探讨学习方式变革的过程中，为保证大概念的有效性，必须以学生为中心，充分考量概念的接受性；随着学习方式的变革，教师的教学方式亦应随之变化，大概念的设定要与教学形式相补足，为活动开展留下空间。

第二节　大概念视域下高中历史学习内容整合策略

新课标开篇即指出，学生通过高中阶段的历史学习要“能够从历史发展的角度理解并认同社会主义核心价值观和中华优秀传统文化”。“历史发展”是这一表述逻辑的起点和前提，而学生对历史发展的掌握一定是建立在梳理、总结、归纳基本史事内容基础上的。毕竟没有前后、古今、中西和新旧的对比，就无从谈“发展”，难以知“落后”。那么，学生在历史学习过程中，应如何着手对学习内容进行整合分析呢？笔者认为，充分利用大概念是解决这一问题的关键。

在增强学习行为的主动性、思辨性，进而实现深度学习的过程中，学生接受并理解大概念，仅仅是掌握了最基本的学习工具和最基础的探究方法。在此之上，他们还应进一步学会使用大概念，对学习内容进行有效整合，将纷繁复杂的知识点和知识碎片统摄于大概念之下，从而填充、改造甚或重构自己旧有的知识框架。这在新授课和复习课的课堂实施中都显得尤为重要。如果学生不能利用大概念使学到的内容得到有效整合，不能实现知识和观点的结构化，那历史学习只能沦为概念集合的游戏，无法使学生由知识的记忆上升到理解、运用甚至创造的更高层次。那么，学生应如何运用大概念整合高中历史学习内容呢？要解决这一问题，我们首先须分析清楚学生在高中阶段都学些什么、从哪里学、学习内容有什么特点。毋庸讳言，学生的学习内容基本上来源于教材之内与课本之外，兹分类例举。

一、学生视角下教材内容革鼎分析

学生历史学习内容的主要来源是国家教材。随着新课改的推行，高中历史教材在多数省份陆续更迭换代。这一变化对学生学习产生了较大影响。首先，我们必须注意到，学习内容的嬗蜕为学生带来了诸多利好。

1. 体例上以通史取代了专题史

在原教材的编排设计中，学生能够围绕某一历史事件进行深入的学习和探讨，对中西政治制度、经济发展和思想流变有一个清晰的史事因果认识。例如，在学完必修1的第一单元后，学生能对中国古代专制主义中央集权的政策衍变了如指掌，对政制发展的整体走向有一初步的判断。在学完必修2的第一单元后，学生可以对中国古代经济形态、经济结构的嬗蜕有一种因果承继上的认知。但问题在于，大部分基础较为一般的学生，无法有效地将三册必修课本中的孤立事件融入到同一时空架构之内。这也就是为什么，学生总觉得中西比较的材料题很难写，综合性较强的论述题很难答。以通史取代专题史的体例之变，能更有效地克服这一弊病，强化学生学习的整体认知，“给予学生对历史发展大趋势的直观认识”。

2. 内容上对原教材进行了补足

这主要体现在三个层面：其一，统编教材增加了大量朝代、政权更替的历史细节，这极大涵养了学生的时空观念。比如，因为原教材中没有详细论述西汉与东汉的朝代更迭过程，在学情相对薄弱的学校，教师一提到两汉，学生只能想到内外朝制度和董仲舒的新儒学思想。学生既对政权过渡的史事没有任何头绪，也不知道王莽在两汉历史上具体扮演了什么角色，而他们初中所学的知识脉络更因时间的关系逐渐被遗忘。与之相较，统编教材在此方面可谓下足了功夫。其二，统编教材增加了很多原来被边缘化的史事。比如，《中外历史纲要（上）》第5课所讲述的三国两晋南北朝、第6课涉及的五代十国等，在中国古代史上皆占据非常重要的地位，陈寅恪、唐长孺等大家在此用力颇多。但由于政局变动频繁且大都缺乏政统，传世文献较少。原教材一味着墨于大唐盛世气象，却对此所谈不多。其三，统编教材特别关注中华民族观念的涵养与渗透，“注重从加强中华民族团结的角度讲述历史上的民族问题”。中国自古以来就是统一多民族国家，汉民族的历史应该是中国史的一部分而非全部。原教材中少数民族的历史所占比重其实不大，这种情况在统编教材中得到了改善。比如，在《中外历史纲要（上）》第三单元里，编者将辽金夏元四个少数民族政权与宋并列而论；第5课还着重提到了“民族交融”这一主题，这些都从侧面有力论证了中华民族的多元一体。

凡事皆有两面。统编高中历史教材虽然整体上以通史体例呈现于众，但实际上部分单元内部的课时之间，逻辑编排相对复杂。我们以《中外历史纲要（上）》为例：第一单元共有四个课时，分别讲述了中华文明的起源、诸侯争霸、秦朝统一和两汉嬗蜕，这是严格按照时间线索一路梳理下来的。类似的情况还出现在第五至第十单元。可当我们再对目录仔细加以审视，不难发现单元内部的课时逻辑还有另外一种呈现形式。我们以第二单元为例，该单元同样下属四个课时。其中，第5课和第6课按部就班地以时间顺序描述了朝代和政权的更迭，但紧接下来的第7课和第8课转而又以专题史的形式开始分别介绍中古时期的政治制度与思想文化。这一单元内部的课时逻辑可以说是先通史而后专题。类似的情况还出现在第三单元和第四单元。学生在单元与单元的学习跨度中需要不断进行思维方式的切换，这会给本就基础较差的学生带来更大的困惑。如何扬长避短，在发挥新教材优势的同时力克其弊，是当下亟须解决的学术议题。

二、基于课外历史学习内容的审视

学生在高中阶段的历史学习内容不应局限于教材之内。新课标确立了唯物史观、时空观念、史料实证、历史解释和家国情怀五大学科核心素养，并将核心素养的培育和落实作为历史教学的目标和归宿。这是放之全国而皆准的共性要求。但新课标的前言部分同时指出要“关注学生个性化、多样化的学习和发展需求”。那么，应如何在提升学生核心素养的同时，实现其个性化发展，从而更好地落实历史学科核心素养呢？如果我们从学习内容的视角来解决这一问题，则不难发现，地方历史资源对教材内容的补足无疑是至关重要的。一方面，地方史事是国家视域下宏大历史事件的重要组成部分，可以透过地方性的小切口以小见大、见微知著；另一方面，地方史本身又暗含着不同地域的特殊社会经济文化特征，可以唤起学生共情，增强学生学习兴味。

地方历史资源在既往的中学历史教学中更多是以史料的形式展现的。因为一线教师大都会将这些资源当作史料，对课本相关史事进行论证，以达到特定的教学目的。但归根结底，史料就是学生学习历史知识，得出历史结论的本源。史料的范围极其广泛，“过去人类思想行事所留之痕迹，有证据传留至今日者”皆为史料。地方史料的广泛性首先体现在类型的多样化。例如，晚清学人王鸣盛就曾指出“恒独处一室，覃思史事……又搜罗偏霸杂史、稗官野乘、山经地志、谱碟簿录……旁及于钟鼎尊彝之款识、山林冢墓、祠庙伽蓝碑碣断阙之文，尽取以供佐证”。这种多样化首先就为教学方式和学习方式的多变提供了可能。

以珠海为例，在开展抗战史部分内容的教学时，凭借地缘优势，教师起码能够依托两种文献以外的史料丰富学生的学习内容，即：实物史料和口述史料。

实物史料具有极强的客观性和说服力，在抗战史的学习过程中，学生通过参观革命旧址、革命历史博物馆、革命事迹陈列馆，可以将课堂搬出教室，搬回现场，甚至像人类学者一样走向田野。这种历史现场还原的情感体验与交互，可以促使学生最大程度地体悟时人精神、体味时代思潮。比如，学生在参观苏兆征故居陈列馆时，通过近距离考察苏兆征遗物（写字台、磨米机等劳动工具和生活用品），可以在古今对比中感知革命先烈艰苦奋斗的精神。再如，通过参观金湾区三灶侵华日军罪行遗迹的万人坟、日军慰问所、日军“慰灵”石刻、机场遗址等，学生能够从情感上较为直观地感受日军的滔天罪行。在教师的引导下，学生很容易将对侵华日军的愤恨转化为爱国的精神动力，进而产生为中华民族伟大复兴而努力的斗志。

口述史料是近年来历史研究的热点。对抗战史学习而言，口述史料亦具有无可比拟的优势。一方面，口述史料所包含的历史细节往往是文字记载中不曾涉及的，可极大扩充学习内容，给学生以更多的发挥空间。另一方面，口述者作为历史亲历者，其自身的情感态度，本就是革命思想的重要组成部分。这些都为对话学习提供了便利。在实操过程中，教师可以将已出版发行的口述史料用于课堂学习，亦可带领学生参与口述史料搜集的全过程。无论采用哪种方式，学生提问的环节都是以旧知探寻新知的环节，这本身就是一种有效且深度的对话，是学生与亲历者直接或间接的对话，是立足课堂而又不限于课堂的对话。

例如，在学习工人运动史的相关内容时，笔者就围绕《关于近代珠海历史文化名人的乡土口述史料》所载内容进行了教学尝试。

材料 1：杨匏安在国共合作时期官至中执委常委，“一个月的薪金啊，有 300 多大洋……300 多块大洋，你买田买地都可以”。

——杨匏安之子杨文伟口述，赵立彬等整理，2008 年 10 月 31 日

材料 2：杨匏安“把绝大部分的钱都交给党作活动经费，留下来的极少一部分作为家用，根本就不够家里开支。我的祖母、庶母、母亲都要去给人家做工、缝衣服等来挣得一点钱，贴补家用”。

——杨匏安之子杨文伟口述，赵立彬等整理，2008 年 10 月 31 日

材料 3：北伐结束后，杨匏安在上海的白色恐怖笼罩下继续开展地下党活动，先后两次被捕入狱，“第一次被捕入狱时，周恩来闻讯，大力组织营救”，第二次被捕后“周恩来总理知道后，他首先想到的是我们家人口多，祖母年迈，母亲身体不好，孩子都很小，生活十分困苦，便指示组织部门，无论有多大困难，也要把杨匏安家属的生活管起来”。

——杨匏安之子杨文伟口述，赵立彬等整理，2008 年 10 月 31 日

当展示材料 1 时，学生会感叹杨匏安工资之高。此时，教师可以向学生发问：大家觉得杨匏安的家境会是怎么样的呢？在那个时代，如果你有同样的薪水，你会用来做什么？学生想当然地认为杨匏安家庭生活富足，衣食阔绰。这是一种基于史料的师生直接探讨对话。此时教师展示材料 2，不用过多的言语修饰，学生自己便可以深切感受到中共革命先烈毁家纾难、舍身忘我的革命英雄主义。这无疑是学生与口述者跨时空的间接对话。学生在教材中学习过“国共第一次合作—国民大革命失败—国共合作破裂”的基本史实，基于此，教师展示材料 3 并继续发问：北伐结束后，杨匏安的革命活动和人生经历发生了哪些变化？通过阅读材料，学生既能感受到革命活动的时局艰辛，又能体会到党组织对革命志士的人文关怀。学生在情感上由对中共先烈的崇敬逐步上升到对党组织的认同。这是一种

由知识交互上升到情感交流的深度对话。

总之，多样的地方史料丰富了历史学习的开展方式，充实了学生学习的内容来源。单一的灌输式课堂学习逐渐走向与现场学习、对话学习的三方互动，在这一过程中，学生对历史的掌握，由最开始对书本的理解和记忆逐渐上升到情感层面，进而通过与亲历者的对话促成知识的解构与建构，形成新的自我认知和理解。由此，地方历史资源对学习内容的补充，是深度落实学科核心素养的重要保障，是实现深度学习的重要路径，因而也是学生在进行学习内容整合时的重要手段。

学习内容的丰富多样还加速了学生的两极分化。基础较好的学生可"择其善者"培优补差，而基础较差的学生却往往是"丈二和尚"一头雾水，面对浩如烟海的史料，常常是"两头不到岸"。这就需要教师利用大概念对统编教材和地方史料进行整合，其中包括新旧教材的内容整合、多重史料的内容整合、国家—地方的视角整合。

三、借助大概念的视角整合学习内容

地方历史资源是庞杂且零散的，课本所涉史事亦不乏旁逸斜出和藕断丝连，这给学生的学习归纳带来了极大困难。大概念正是解决这一问题的关键。大概念并非一个独立的学科概念，它暗含着特定的视角，以供学生整合学习内容，形成特定的知识和观点框架。通过大概念的使用，学生可将教材中因时空割裂的多重史事以某种后出的观念、视角串联起来，探寻历史规律，解释历史现象。

例如，在进行一轮复习"建国以来的重大科技成就"时，笔者将"科技复兴"引入中国现代化的进程，并向学生介绍了史学界关于中国现代化的两种主流观点，即费正清的"冲击—反应"学说和柯文的"中国中心论"。同时向学生提问："你赞同哪种说法？请结合本节课所学内容进行论述。"此时，"科技复兴"这一概念显然暗含了中西比较的视野。在经过小组讨论后，学生大体给出了两种观点。第一种观点支持"冲击—反应"学说，这部分同学以"两弹一星"的历程为例，指出建国以来的科技成就具有开放性特点。随着中国开放的逐步加深，中国科技文明受外来冲击的程度也在加深。相比之下，封闭性较强的明清，科技并没有实现重大突破。

第二种观点支持“中国中心论”，这部分同学以中国古代的发明和发现、袁隆平的杂交水稻、屠呦呦的青蒿素，以及时下流行的5G通信技术为例，指出中国科技随着经济社会的发展逐渐呈现出较强的自主创新性，实现了由追赶到超越再到引领的蜕变。可见，学生在学习、回答的过程中自然而然地就将中国古代科技史的内容整合、囊括其间了。

以上两种对历史的解释虽然都言之有理，但皆存在态度上的偏颇。一方面，原教材的编排容易使学生对“冲击—反应”学说形成认同。必修1率先对列强侵华史进行了讲授，此后才是国人在政治、经济、思想文化方面的应对与转变。而在讲授近代中国经济结构的变动，以及救亡思想潮流变迁时，我们无一例外地将民族危机的加深作为背景进行了详细解释。另一方面，“科技复兴”这一概念具有较强的价值导向性，再加之本课重在讲述建国以来的重大科技成就，这就容易使学生在主观上一叶障目，难窥全貌。新课标指出，历史解释应是“客观评判的态度、能力与方法”。此时教师应引导学生明晰，历史是多重复杂面向因缘际会的结果。西方的文化冲击以及国人的自身努力，应当是以“科技复兴”为代表的中国近代化进程的一体两面，是交织前行的协奏曲。

学生在听完教师上述讲解后，重新整合学习内容，得出新的论述，即：明代时中国便已出现了西学东渐思潮，但自有明一代，中国科技却逐渐落后于西方；清前中期闭关锁国，中西文化科技交流闭塞，西方发生科技革命时，中国仍未出现明显进步；清末，洋务派倡导西体中用，试图通过大规模的“引进来”和“走出去”改变危局，可效果不佳，始终于人后亦步亦趋；建国以来，在苏联技术援助、中国专家努力和政府的大力支持下，中国实现了科技复兴。因此，科技复兴是西方影响和中国努力共同造就的结果，两种因素同时作用又时常交替发生。

学生通过大概念提供的视角对史事进行整合、分析，又以基于史事归纳得出的结论对大概念进行诠释，对研究视角进行反思。在这种交互式学习反馈的过程中，学生才能不断走向深度学习。

四、立足大概念的内涵整合学习内容

学生不仅可以通过大概念提供的视角整合学习内容，还可以凭借大概念本身的学科内涵进行整合归纳。大概念（Big Idea）是居于学科核心地位的上位概念，它可以是一个概念、一种观点，也可以是“某个具体的历史问题情境和解决方案”，具有高度抽象性和解释力，因而得以统摄、整合学科小概念，反映学科的思维方式和基本观点，产生超越课堂的迁移价值。这一定义就决定了其本身的学科内涵能够有效整合诸多复杂史事与单一史事的不同面相。

我们同样以前述“建国以来的重大科技成就”一课为例。笔者发现，原教材中第19课只涉及新中国建立以来的重大科技成就，若再往前追溯，整本书中只有第8课述及明清以前中国古代的发明与发现。若仅仅停留在对教材内容的讲授，学生脑海中是无法建构科技发展的长时段体系的，因为学生所学的科技史有断层：明清以降直到新中国建立之初，中国的科技发展历经了一个什么样的阶段？如何将第8课和第19课的知识整合打通，引导学生从历史发展变化中探寻历史的规律？对这两个问题的探讨涉及史实与史论两个层面。学生需要搜集、选择、编排历史材料，从中梳理历史线索，并对相应的历史现象展开解释。史海浩瀚，学生要从哪些方面下手整理史料？笔者在课前即抛出了“科技复兴”的大概念，让学生以此为核心，通过网络、报刊和图书，按时间线索，对史料进行收集整理，并以小论文的形式整合中国科技复兴的不同阶段，提取出阶段性特征并进行了详细论述。这就是所谓的从“科技复兴”这一概念的内涵入手，对学习内容进行重新归纳整合。

这种方法不仅适用于一轮复习的旧教材，同样适用于新授课学习的统编教材。新课标认为，普通高中历史课程的性质应该是充分“运用历史唯物主义观点”，以“揭示人类历史发展的基本规律和大趋势”。受限于课时的安排，统编教材以朝代为界对史事进行了分割。但历史的脉延并不会因政权的兴替而走向消亡，它往往会在诸多历史元素的因缘际会下脱胎换骨，这种矛盾给学生学习新课带来了不小的困惑。

比如，我们都知道中国传统思想文化的主流是儒学，这在原教材中是一个单元的标题。但新教材并未给出一个完整的、可供学生学习的思想谱系，用以深入探究在中国思想文化史上占据重要地位的儒学。孔子和传统儒学创立的相关内容集中在第2课，董仲舒的新儒学在第4课中则一句话带过，儒学的复兴和宋明理学更是由原来的一个课时压缩为两个子目。这带来了两个问题：其一，学生学习新课时所接触的知识量相对较大，在学到12课时他们是否还记得先秦儒学的内容呢？在学到15课时，他们是否还能将宋明理学第一时间与儒学的复兴结合起来？其二，学生在自主学习的过程中，能否通过自身知识架构内的认知描绘出儒学发展演变的线路图？对于基础比较一般的学生而言，这显然是比较困难的。

此时，教师应当给学生一个大概念，让学生以大概念的学科内涵为原点，不断地向四周发散，扩充知识树，从而形成对一个问题的相对完整认知。此处我们不妨就给学生一个大概念："儒学在不断继承与创新中成为中国传统思想文化的主流"。学生看到这一大概念后，会对概念本身产生四个疑问：第一，儒学的发展历经了哪几个阶段？学生会从课本中寻找，由先秦孔孟的开创到秦朝焚书坑儒，再从董仲舒时期儒学成为正统到魏晋遭受冲击，等等。第二，儒学发展到不同阶段分别继承了什么？学生通过阅读课内外学习内容，也可以得出答案，知道民本思想的一以贯之、宋明理学对三纲五常的延续等等。第三，儒学发展到不同阶段分别有哪些创新？学生经过老师的引导又可以得出，传统儒学发展到董仲舒时期摇身一变，成为具有较强政治色彩和神话色彩的新儒学；新儒学发展到魏晋以降，饱受佛道冲击而不得不往哲学思辨的宋明理学转型；理学行至明末清初又伴随国仇家恨而逐渐衍生出李贽之类的"异端"；等等。第四，儒学为什么是主流？这就要求学生充分总结儒学的重要影响，并将儒学与其他思想流派进行对比探究。学生探讨大概念内涵的过程就是深度学习的过程，就是不断整合学习内容的过程。

总之，学生在高中阶段的历史学习内容源于国家教材和地方资源的相互补足。随着教育教学改革的推进，统编教材体例上的变化和内容上的增删为学生学习带来了诸多利好，但同时亦带来了课时之间逻辑线索的新困扰。而地方历史资源能够创新学习的各个环节，提升学习效果，推动核心素养的培育。与此同时，学生也会深陷恒河沙数的泥淖。教师必须引导学生充分利用大概念的内涵与外沿，整合纷繁复杂的学习内容，助力深度学习的发生。

第三节　大概念视域下高中历史学习实践活动的设计策略

随着新课标的颁行和国家教育教学改革的深化，高中历史教学目标也实现了由三维取向到核心素养的转移。课标指出，课程结构的设计、课程内容的选择，以及课程的实施，“都要始终贯穿发展学生历史学科核心素养这一任务”。尤其是在课程实施层面，要“促进学生的自主学习、合作学习和探究学习，提高实践能力，培养创新精神”。这也就意味着，教师需要通过一系列的活动（更确切地说是实践活动）来推动课堂的实施，推进核心素养的培养。

显然，停留在知识记忆层面的浅层学习是无法实现核心素养的落实的。因之，深度学习的发生与学科素养的培育其实是共进并行、相辅相成的。或者说，深度学习就是“发展素养的学习”，是“基于核心素养的教学改进”。学习因参与而发生，没有学生互动的教学会不可避免地沦为单向灌输，使学习效果大打折扣。因之，教师应当精心设计学习活动，使学生通过体验与实践走向有效且深度的学习，以达成课标要求的素养目标。

一、当前历史学习活动存在的问题

随着新教改的深入，学生的主体地位日渐凸显，一线教师逐步摆脱了传统“满堂灌”的教学形式，开始有意识地针对学生设计一些课堂教学活动，丰富的课堂活动使教学氛围得以充分活跃，学生学习兴趣显著提高。但在当前的教育教学中仍存在着诸多问题与不足，兹谨举几例，抛砖引玉。

第一，形式化的教学过程降低了学习的有效性。很多一线教师在上公开课时都会尝试使用一些较为新颖的课堂活动形式，以体现教学的创新性和学生的主体性。可大多情况下是为了创新而创新，为了活动而活动，为了形式而形式。若活动无法深刻融入学习过程中，反而会耽误课堂时间，降低教学效率，不免南辕北辙。

比如，在讲述《中外历史纲要（上）》第2课时，会涉及“百家争鸣”这一知识点。课标对此有明确的要求，即学生要“了解老子、孔子学说；

通过孟子、荀子、庄子等了解‘百家争鸣’的局面及其意义”。很明显，虽说课本相关子目的标题是“百家争鸣”，其实课标着重强调了以孔孟荀为代表的儒家和以老庄为代表的道家两派。有的老师关注到了这一点，所以把学生分成两个学习小组，每个小组代表一个学派，在课堂上进行角色扮演，围绕治国问题提出自己的主张，美其名曰“辩论”。类似的学习活动当然有其内在的逻辑和道理可言，但多数情况下往往会产生两个非常严重的弊病：其一，代表儒家学派的学生会拼命地从课堂内外找寻儒家学派的代表性观点，从而对道家学派的学说落得一知半解，在进行辩论时往往是鸡同鸭讲，各说各话，完全辩不起来。辩不起来本也无妨，关键在于课标要求学生通过两个学派的对比了解“百家争鸣”这一思想巨变的历史意义。学生只学懂弄通了一家，缺乏深入的比较，如何能理解“百家”？其二，有的老师为了让课堂效果看起来更加有层次、有深度，在课前即给了两组学生辩论的提示亦或说辞，课堂上的“辩论”带有了强烈的表演性质，学生的发言更像是在背书，完全背离了课堂活动设计的初衷，是一种无效的活动。

第二，强调知识的养成而忽略了能力、思维的培育。我们在进行一线教学时开展课堂活动，更多的是为了突出重点，突破难点，而平时教研活动所谓的“重点”“难点”很多情况下都指向知识点。久而久之，我们的课堂活动演化成了学生掌握知识的途径和手段，学生历史思维的养成和研究能力的提升逐渐被淡化。

比如，我们在讲授苏联解体时经常会用到“看病抓药”的活动范式：老师在课堂上列举一系列苏联发展的颓势表现，让学生分小组分析原因并提出解决办法。类似的课堂活动设计我们还常用于罗斯福新政和儒学复兴等专题的学习等等。这样的课堂推进模式固然很有条理性，学生对知识的理解也能够相对深入。通过“看病抓药”的讨论，学生在教师的引导下可以很快理解苏联解体的根本原因是什么、为什么苏联几次改革都归于失败。但这同样带来了一系列问题：其一，“看病抓药”始终是围绕“病”的解决展开的，使得课堂线索趋于清晰的同时又极大限制了学生历史解释的方向和维度。高度集中的政治经济体制是学生寻找的最终“病因”，除此之外还有什么原因呢？同样实行计划体制的中国为什么就崛起了呢？其二，学生丧失了发现问题的机会。课堂上，教师给学生提供了“病症”，让学生“看病抓药”；课堂之外，学生能不能自己发现问题、寻找“病症”呢？不注重培养学生发现问题的能力，而一味强调解决问题的能力，其实质是一种本末倒置。

基于此，我们应当如何更好地设计课堂活动呢？笔者认为有三个关键：一要紧紧围绕大概念；二要牢牢抓住新课标；三要重视实践性与综合性。

二、依托大概念开展历史学习实践活动的优势

深度学习和实践活动都强调学生的主动参与、协同合作与整体发展，都要求培养学生在现实世界解决复杂问题的能力。而大概念的介入，又给学习活动以知识性导向，使其不致偏离课标要求与学科属性。毫无疑问，依托大概念开展历史学习实践活动活动会带来一系列积极影响。

1. 提高学生主动性，强化学生主体地位

历史学作为一门基础学科，实践性与应用性并非其所长。这就导致在传统教学活动中，教师大体上仍是依托文献史料展开教学，学生始终无法摆脱文字的束缚。因之，学生始终跟着剪裁过的史料走，其主体地位只能沦为镜花水月，遑论史学能力的迁移与应用。例如，当我们在讲述日军侵华时，教师往往会以四大会战的伤亡数字体现其残酷，以日军侵华的线路、时间和步骤凸显其迅猛，但此时学生的学习活动是一步步被老师牵着走的，实际上仍未挣脱灌输式教学的窠臼，缺乏能力的深度培养。课堂之外，学生的知识也很难在生活中发挥较大作用。

若由老师根据课标抛出一个大概念，发动学生围绕这一大概念自主设计子问题，在综合实践活动中分小组进行合作探究，效果便会截然不同。比如，教师可以提供一个观点——“日军在侵华期间犯下了沉重的罪行”。学生会借此产生诸如“日本为什么要侵华”“日军侵华的罪行有哪些”“侵华后中国人的生活是怎样的”等疑问。每小组就其中一个小问题分工合作，通过搜集、整理和分析史料，解决心中困惑。这一过程中，学生对课标核心概念的理解加深了，逻辑思维能力增强了，最重要的是自主学习能力得到了培养。唯有如此，学生所学的新知才能产生举一反三的迁移价值，学生才有可能独立解决未知领域的实际问题。

2. 充分利用地缘优势，创新教学形式

学习实践活动突出强调学习活动的实践性。实践的地理空间在多数情况下不会脱离学生的成长和学习环境。处于熟悉的环境中开展实践，学生的认知才是第一手的，对知识的理解才是基于旧知的深度创新。

课标指导我们“要注意通过历史情境的设计，让学生体验当时人们所处的历史背景，感受当时所面临的社会问题”。在传统的中学历史教学中，受限于时空，教师大都只能以课堂多媒体讲述教材内容。在此意义上，师生皆无法感知历史现场，这显然有违课标要求。但当我们将学习的场域搬到学生的成长环境中时，教学效果便迥乎不同。比如，在讲授日军侵华罪行时，珠海教师充分围绕三灶万人坟遗址设计实践活动。通过课堂教学，学生初步掌握了日军侵略三灶的基本历史背景。通过现场教学，学生实地感受，深入了解三灶慰安所背后的女性血泪史，以及殖民小学遗址折射出的奴化教育史事。通过采访三灶大屠杀幸存者，学生在深度参与式的对话中不断丰富脑海里的历史画面，完善认知体系，实现知识的“解构—结构—建构”。

3. 提升学生综合素质，深度落实学科核心素养

在公开课、示范课中，教师会尝试创新运用各种教学形式，以达到落实学科核心素养的目标。但在常规课堂中，历史核心素养的培育其实并不全面。比如，当我们在强调史料实证时，往往会特别关注史料能否论证某一观点，且提供的都是老师已筛选过的史料，却常常忽视了学生能不能自己找到史料；当我们在强调唯物史观时，一般在教学生“是什么”，却忽视了“怎么用”；当我们强调历史解释时，我们往往在灌输“教师心目中的历史应该是什么”，却忽视了学生对历史的初步理解和印象。

依托大概念开展历史学习实践活动可以使学科核心素养的落实走向全面与深入。例如，当教师提出“日军在侵华期间犯下了沉重的罪行”这一大概念时，某学习小组希望通过探究大屠杀后珠海人民的日常生活来“以小见大”。因为没有教师的“导演”，所以他们无法先入为主地进行判定，只能通过课内外收集到的各方史料自主进行推导，这就避免了以论带史的大忌。而且，学生在收集史料的过程中会不断反思：史料搜集得是否齐备？有没有更好的渠道找到更多史料？哪些史料更具参考价值？史料内容

发生冲突时如何去伪存真？经过这样的学习过程，学生核心素养的培育才是扎实、全面、可迁移的。

总之，依托大概念开展历史学习实践活动，可以提高学生主体地位，增强学生自主学习、主动学习的能力；可以充分发挥地缘优势，借助学生生活的真实情境增强学习效果；还可以全面提升学生的综合能力与核心素养，进一步达成教学目标和育人目标。

三、依托大概念开展历史学习实践活动的流程

学习活动应当是围绕课堂核心问题的解决展开的。我们强调学习活动的实践性就是要把实践作为解决问题的手段与载体，使学生在发现、解决问题的同时，充分运用到学科内部，甚至跨学科的综合性手段，推动学生的知识建构、思维培养、方法运用、价值塑造在深度参与中走向深入。那么，依托大概念开展历史学习实践活动具体应当如何开展呢？

1. 研习背景知识，确定大概念

新课标指出，学生通过高中阶段的历史学习要“能够从历史发展的角度理解并认同社会主义核心价值观和中华优秀传统文化”。这里的“历史发展”一定是建立在梳理、总结、归纳史事基础上的，毕竟没有前后、古今、中西和新旧的对比就无从谈“发展”。学生具体应该从哪些角度着手，梳理哪方面的历史？这些问题都要借助大概念来解决。

大概念的确定是把握教学方向，进而影响学习成效的重要因素。这就决定了大概念必须是与课标紧密联系的，因为课标是教学的指挥棒。实际上，围绕大概念进行的学习，应该囊括若干指向任务实施的具体问题或具体概念。否则历史课堂就变成空谈义理，解释词汇。在实际操作过程中，教师应围绕大概念引导学生设定具体问题，而不宜直接以布置任务的形式告诉学生去简单地“看病抓药”。

此外，概念的设定要能“大”能“小”，这是由教学过程中的一对矛盾决定的：在设计大概念时一定要指向教材中某一章节或单元的主线，符合课标的要求，不然学生的学习是碎片化的，无法与旧知建立起联系紧密的知识框架；但学生直接进行探究的具体问题应不断具象化到某时某地，否则实操性不强。例如，在讲授《中外历史纲要（上）》第23课时，课标

明确要求学生"了解日本军国主义的侵华罪行"。据此，教师将大概念确定为"日军在华侵略罪行有哪些"。在具体教学过程中，教师首先利用课堂带领学生梳理日军在珠的殖民侵略活动，同时要求学生研读珠海本土历史文化课程教材进行充分讨论，并提出问题。因为没有先验的设定，学生的思维发散性较强，提出的具体问题亦五花八门，大有脱离上位问题之势。学生提及频次最高的问题如下所示：

表 4-3-1 学生提问频次统计

问题	频次
日本为什么要侵略珠海？	13
日本在珠海具体开展了哪些侵略活动？	11
日军侵占珠海后是如何进行地方管理的？	7
日本在珠海的侵略活动主要分布在哪些地区？	6
珠海人民有没有反抗日本的侵略？	3

不难看出，学生所提的问题确实都很有研究价值，但仔细考量过后我们不难发现，对中小学生而言，大部分活动是无法进行实践研究的。比如学生提出的"日军侵占珠海后是如何进行地方管理的"，这是一个政治制度史的题目。当然，我们也可将其归类为日常生活史的范畴去进行具体化的考察。但是，应如何围绕这一问题开展学习实践活动呢？学生除了利用线上线下文字资源进行传统的文献整理外其实是无从下手的，原因就在于"珠海"这一地理范围仍显太大。这个时候，教师要帮助学生寻找最为典型的微时空、小切口，助力学习实践的开展。这一"微时空"一定是具备以下特质的：一是日军进行过深度侵略；二是历史遗址遗迹较为丰富；三是有较多的历史亲历者；四是足够小（最好小到村落街道）。我们会发现，这与历史人类学者对研究空间的选择其实极其相似。经过师生共同的筛选、调适和整理，我们最终确定将三灶镇作为小组问题探究的主要地理空间。

表 4-3-2　师生合作修改后的研究问题

问题	问题的地理空间
日本为什么要侵略三灶？	三灶岛
日本对三灶岛开展了哪些侵略活动？	
日军侵略下三灶岛的日常生活是怎样的？	
三灶岛在日军侵珠的过程中扮演着一种什么角色？	
面对侵略，三灶居民是如何应对的？	

2. 制定实施步骤，指导活动开展

在依托大概念确定好具体研究问题后，在教师指导下，学生自由组成学习小组，并根据小组成员特点确定下一步分工，综合考量问题研究的对象与难度，制定详细的实施步骤。为了方便掌握教学活动开展的进度与节奏，教师可以通过表格的形式事先收集、整理各小组活动方案。

小组内部成员分工和具体实施步骤制定好后，不宜完全放手让学生通过实践活动开展历史学习。教师在这一过程中应加以有限干涉，干涉的尺度须拿捏恰当。此时，教师的作用主要表现在两大方面：

一是为学生统筹整合学习活动得以正常开展的各项资源条件，“扮演社会资源的提供者和组织者”。一般而言，学生大都只能从家长手中寻求社会资源。可一方面，学生的研究兴趣、组内分工与其家长所掌握的资源往往是不匹配的；另一方面，有相当部分家长其实没有任何相关资源可用。这就要求老师居间发挥一种收集、整合与再分配的作用。例如，在实际学习活动开展过程中，在三灶有过生活经历的家长志愿带领学生参观三灶“千人坟”遗址、“万人坟”遗址、慰安所遗址、兴亚国民第二小学遗址和盘古庙，并担任实地考察的讲解。还有家长通过邻里关系帮忙联系到了三灶大屠杀幸存者、曾就读于殖民学校的老人进行口述史采访。学校科组的历史老师也通过专业学术资源库，广泛搜集到了相关的一手文献和报刊资料，为学生提供互证依据。教师可以在汇总信息后，根据不同小组的方案计划按需再分配。

二是教师要为学生学习活动提供阶段性的指导。学习实践活动是实现深度学习的重要路径之一，强调学生主动学习能力的养成。但学生主动学习不等于学生完全自主学习，教师需要在教学过程中为学生“兜底”“画圈”，提供学法指导，使学生的学习行为始终在学习主题框架内开展。例如，在进行口述史采访前，教师要求各学习小组提供口述采访提纲或问题汇总，其中一个小组的学生给出的提纲如下所示：

表 4-3-3 口述史采访提纲（初稿）

活动小组	第一小组（组长：谭同学）
研究子课题	日军侵略下三灶地区的日常生活研究
采访时间	2020 年 12 月 20 日
采访对象	张先生
采访工具	中性笔、记录本
主问	谭同学
采访问题	日军侵略下三灶地区的日常生活是什么样的？
注意事项	

这个提纲中存在的问题很多，也大都比较典型，可以作为范例来谈。首先，采访时间并没有具体的时间节点，这会带来两大后续问题：一是采访对象不可能接受一整天的采访，也不可能花一整天的时间等待采访人的到来；二是无法保证小组所有成员在当日内所有时段都是有时间的。其次，受访人大多为耄耋老人，生活中往往有诸多不便，采访地点需要与其家属提前沟通。再次，采访工具中没有录音笔、摄像机等影像设备，而录音和视频其实是口述史料最重要的保存形式，因为它佐证了口述史的真实性，是史料实证的一种体现。最后，问题太过于宽泛，没有从受访人的角度进行考量，采访对象往往不知从何说起。

教师应当就这些问题，与项目小组进行座谈，先让学生自行寻求解决办法。由于缺乏社会生活经验，学生往往会从自身的角度来考虑问题，提出诸如“我在某日某时某分有时间”“我觉得去某地进行采访比较好”等观点。此时教师要指导学生与采访对象进行沟通，以受访人意愿为主。而在采访问题的设定上，教师要指导学生将问题化简为繁，将大问题具体化为大量的细节问题。学生根据教师建议和小组讨论重新编制了提纲。

表 4-3-4　口述史采访提纲（终稿）

活动小组	第一小组（组长：谭同学）
研究子课题	日军侵略下三灶地区的日常生活研究
采访时间	2020 年 12 月 20 日 9 时 30 分—12 时
采访对象	张先生
采访工具	中性笔、记录本、录音笔、DV（数字摄像机）
主问	谭同学
采访问题	谭：爷爷今年高寿？最近身体怎么样？ 张：答 谭：当年日本人来三灶的时候，村民的出行、买卖有什么变化吗？大家在岛上都以什么谋生？ 张：答 谭：日本人会像电视剧里那样搜刮粮食吗？大家当时吃得好不好？吃些什么？ 张：答 谭：现在三灶已经不再是岛了，珠海大道连接了东西区，这边现在也是高楼大厦了，日本人来珠海的时候三灶这边人多不多？大家都住什么样的房子？ 张：答 谭：您当时就读的小学里面有日本人吗？会对教学活动进行干预吗？ 张：答
注意事项	1. 主问人可以就采访对象的回答进行发散性提问 2. 一次采访时间不够时，可预约下次采访时间

在教师的指导下，学生将“日常生活”这一较为抽象庞杂的概念，具体化为指向衣食住行的生活细节问题，不仅学生自己的学习研究思路更为清晰，受访者的回答也有了着力点，推动了学习实践活动的顺利进行。

3. 整合学习成果，进行综合性展示

我们依托大概念开展学习实践活动的最终目的是要实现深度学习，并借由学习的深度推进学科核心素养的落实。一方面，深度学习（Deep Learning）要求学习者在学习过程中主动以批判性思维对新知进行整合、关联与建构，强调对知识本质的理解、对真实问题的解决和能力价值的迁移。另一方面，课标明确要求学生“通过历史课程的学习，形成历史学科核心素养，得到全面发展”。此处能力价值的迁移和全面发展都要求学习实践活动具备综合性导向，这里的“综合”不仅指跨学科的深度融合，还指学生个人能力的综合培养。这种综合性在学习成果的汇报展示环节往往体现得最为充分。

在跨学科知识整合方面，当研究日军侵略路线时，笔者要求学生将其以手绘地图的形式呈现出来，这无疑将地理和历史知识紧密地结合起来。学生在描绘三灶地区的地图时面临了巨大问题。地图绘制一波三折，数易其稿。日军侵略时期的三灶与如今的三灶，在地形地貌甚至陆地面积上是截然不同的。原因在哪里呢？这实际上涉及一个填海造陆的城市发展史问题。学生由此而展开进一步的探讨，在地理和历史的交互中围绕中心议题不断发现新知，完善自己的知识框架。再如，在探究当代人对日军侵珠历史的了解时，学生创新运用了社会学的问卷调查。因为设置问卷的目的不仅在于掌握人们对历史的认知程度，还在于让做问卷的人能够学到历史知识。因之，学生们创新了方式方法：一是在部分题目后面插入战争遗址图片，激发答卷人进行实地考察的兴趣；二是部分题目在答题后会直接显示答案，以便让答卷人对本段历史有及时且直观的认识。与此同时，学生在设计调查问卷方面是缺乏经验的，教师事先为学生提供参考书目，由他们自己阅读实践，使他们初步掌握了社会学的基本调查方法。

在个人综合能力培养方面，笔者组织部分学生利用 PS 软件设计海报，并联系广告公司进行喷绘，在学校、社区进行展示。他们的海报题材实际上并不局限于三灶，而是全面展现了珠海抗战历史的全过程。这就极大地锻炼了中学生的社会交往能力。难能可贵的是，部分学习小组还组建了志愿讲解队伍，在校园与附近街道开展志愿讲解活动。历史科组也联系学校相关部门为学生提供了晨会国旗下发言的机会、班会课主持演讲的机会等等。不可否认的是，有很多学生在汇报成果前会胆怯地说："老师我可以不上台汇报吗？可以找演讲好的人替我演讲吗？"教师应该做好正面引导和心理上的积极暗示，使学生在首秀后获得自信。这些不同场合的发言，无疑提高了学生的语言表达能力和做事的自信心。

总之，在依托大概念开展历史学习实践活动的过程中，学生首先要对标大概念的具体内涵，立足旧知提出具体的新问题，依照实践环境和学习团队的具体情况制定有实操性的计划步骤。同时，学生还要在教师的适度指导下通过小组间的协作交流完成对问题的解决。此外，学习实践活动尤其要重视活动成果的展示，因为展示亦是学习的另一种实践形式。

第四节　基于大概念学习的高中历史作业设计研究

作业问题是当下社会的热点问题。随着区域经济水平持续提高，教育普及化程度日渐提高。在功利性驱动下，为了追求更好的学业成绩，不少教师、家长不约而同地在作业方面发力，极大加重了学生的负担。基于此，2021 年 4 月下发的《教育部办公厅关于加强义务教育学校作业管理的通知》中明确指出，要"严控书面作业总量"。随后，教育部又再次印发《关于进一步减轻义务教育阶段学生作业负担和校外培训负担的意见》，要求"全面压减作业总量和时长，减轻学生过重作业负担"。上级部门在短时间内多次密集发文倡导"双减"，并不意味着作业不重要，恰恰相反，这表明作业管理应当成为重点突破的核心议题。

从学理的角度看，作业优化是课程改革的重要组成部分。一方面，作业是课堂的延伸，是"教学的有机组成部分"。教师往往会根据课堂教学进度，有的放矢地布置作业任务，或巩固强化业已学习的旧知，或引导预习尚未接触的新知。另一方面，作业是教育教学的重要反馈。在日常的教学过程中，教师往往会以课后作业的形式，对学生所学知识进行检测，从而对学情有更加直观、深入、全面的了解。这有助于教师及时调整教学策略，以达到改善教学效果的目标。

但是，传统教育教学当中的“题海战术”不仅低效，且加重学生课业负担，甚或带来心理负担。在新形势下，如何以更优化、更精简的作业实现学习的深度、广度，从而全面落实历史学科核心素养，成为摆在一线教师面前的重要议题。笔者认为，大概念是解决问题的重要路径。

一、立足大概念开展作业设计的优势

为什么要立足大概念开展作业设计呢？因为大概念本身的抽象性和解释力，有助于整合作业内容，强化作业的整体性，使学生在完成作业的过程中形成对学科知识与观点的深度认知。而大概念的上位性又有利于实现作业内容、类型的结构化，使学生在完成作业的过程中不断摆脱碎片化的困扰。此处，笔者分点论述，以求教于方家。

1. 强化作业内容的整合度

在教学一线的作业设计中，教师往往会强调作业中知识的覆盖面和练习考查内容的深入程度。这种常规的作业设计在一定程度上有其内在理路，但实际操作过程中会产生两种不甚合理的作业呈现形式：其一，以时间为线索，将知识点整合串联。教师在进行单元的小结练习或者期末复习冲刺时，经常会把编制的整套小测练习当成作业来使用。这固然有利于构建学生的时空观念，能够较为全面地检测学生学业水平情况，但却很难推动学生的学习走向深度。因为在有限的作业量里，师生如若过度追求知识整体的覆盖面、时间线索的连贯性，势必会影响单一知识点考察维度的放大与深入。其二，以专题为线索，针对某一知识点进行深入的学习和巩固。这样的作业设计方案，可以使学生对为数不多的重难点急火猛攻、学懂弄通，却不免带来另一种困境——当学生对个别知识点投以较大时间、精力，他们往往会沉浸于知识的深度，从而忽略了不同知识内容之间的联系。由此，学生既无法通过作业的完成构建完整的知识框架，也无法借此厘清和巩固课本中所涉史事的因果联系。

大概念的介入，可以有效改善上述不利局面。我们所谓的大概念（Big Idea）是一个外来词，它不仅仅是依据字面理解的某个词语，还可以是某种观点、结论亦或短语。因为大概念本身就具备上位性的特征，因而可以囊括许多历史小概念，照顾到知识的覆盖面。大概念又具有较强的抽象性，学生对其进行历史解释时便需要调动所学知识，这显然已经摆脱了简单识记的浅层学习，走向了运用与创新的更深程度。

2. 增强作业结构的合理性

在应试背景下，教师布置作业任务时通常会在练习册上选择与大型考试难度、类型相差无几的题目，引导学生利用课后时间完成。老师对作业进行批改后，找出学生知识的薄弱环节展开进一步跟踪式教学。值得注意的是，目前市场上流通的练习册、习题集大都是将各地期末考试题、高考模拟卷、高考真题依据课时顺序整合起来的题目汇编，这就不免存在一个问题，即作业结构的合理性问题。

举例来谈，在学完《中外历史纲要（上）》第 1 课后，教师常常会给学生布置练习册上的习题作为课后作业，进行知识的巩固与运用。按惯例，这些题目大都是针对宗法制、分封制、井田制等考点进行的精准命制。学生做完后，在短时间内固然可以取得成绩上的提升。但严格意义上来说，这并非作业的“设计”，而是题海的练习。且不说这种作业安排的指向存在问题，即便就应试来看，同样存在弊病。假如班级大部分学生都错了同一道考察宗法制的题目，我们能不能说宗法制就是学生的知识弱点呢？很多老师深以为然。其实这不过是我们平时错误地将测试与作业混淆、等同，以致认知出现了偏差。学生在作业中普遍做错了某个题，可能不是因为他们对特定知识点掌握得不牢，仅仅是因为涉及该知识点的题目本身难度系数就很高。

出于现实的考量，教师当然可以为了应试而精心设计作业，却不能以考试的思维来看待作业的结果。学业检测不是作业唯一的功能，作业设计更多的是对课堂教学的一种补充，是学生“第二课堂”发生的原点。我们在命题时，只要保证题目总体的难度系数维持在一定的区间就是合理的，但在设计作业时不宜如此。我们应当深入思考作业结构的两个维度：一是针对不同知识点，作业量的分布要合理；二是针对同一知识点作业考察的难度和方向要有层次。那么，具体应该如何操作才能使作业的结构走向合理呢？

课标中明确指出，教师应“重视以学科大概念为核心，使课程内容结构化”。作为课堂学习的巩固和延续，我们完全可以说作业就是课程内容的一部分。如此，理论上，大概念当然也可以使作业结构化。

二、作业设计的原则

在具体的教学实践层次，基于大概念学习的作业应该如何设计呢？我们需要遵循哪些原则？这些都是极具现实指导意义，而我们尚未进行深度探讨的重要议题。

1．目标性原则

进行作业设计之前，我们首先要确定作业设计的目标是什么。纵观以往的研究成果，学界多将作业与教学评价相联系，突出作业的检测功能。但笔者认为，在实际的一线教育教学活动中，教师布置作业的目标其实远没有如此单一，具体有三：一是针对学生的学业水平开展阶段性质量检测，这也是最为常见的功能表述。比如，我们平时命制周测试题进行当堂测验，布置练习册巩固练习题，等等。二是作为课堂的延续，围绕教学内容展开进一步的学习和巩固。这是我们关注较少的一个层面。当我们不仅仅将作业等同于做题，那么作业设计目标的学习性取向便会大大增强。通过不同类型的作业设计，教师得以推进课堂学习走向课后的脉延。三是作为课堂学习的铺垫，对即将学习的内容展开预习。在一线教学过程中，教师往往十分注重作业的预习功能，但时常缺乏有效的、有针对性的作业设计。我们向学生提供的预习作业任务往往是这样表述的——“请大家预习第××课”，但面对新知，学生其实并不知道应该怎么预习、从何着手。经验丰富的老师常常会制定导学案作为课后作业，以引导学生更加有的放矢地完成预习任务。毫无疑问，一份优秀的作业设计，应当是兼具检测、巩固和预习等综合性目标指向的。

2．结构性原则

作业设计不应是简单的知识点堆砌，也不应是依照时空线索的简单串联，更不应是东拼西凑的照猫画虎。从作业内容的构成来看，我们在布置作业时往往存在以下两种情况：其一，作业涉及多项子任务需要完成。在日常的教学中，教师会安排课代表将作业在黑板上条分缕析地誊写出来，以供学生逐项完成。但多数情况下，子任务之间的关联性其实不强。学生在完成一项作业任务后便常常将其束之高阁，转而进行下一项任务。这样的学习对历史学科而言是低效的。高中历史教学以核心素养的形式对学生情感价值观念、认知事物视角、史料辨析能力、客观评判态度等提出了更高的要求。基于此，教师应当充分考量不同任务之间的联系，通过前期设计达到“1+1>2”的效果。其二，作业以单一任务的形式出现。这种情况下，教师应当预设任务完成过程中的梯度分层，实现学生学习由浅入深的渐进。对于高中历史教学而言，单一任务类型的作业往往意味着习题演练、笔记整理、知识背诵等常规动作，这些作业对学生发展带来的影响是扁平化的，无法真正实现素养的提升和层次的拔高。这就要求我们在进行习题演练时，尝试设置问题间的层次性与关联度；在组织笔记整理时，注意引导学生运用不同视角构建知识框架，避免简单的重复；在开展知识背诵时，注重问题的变式和转化。

3．开放性原则

中学历史教学并不在严格意义上等同于历史研究，不是“坐冷板凳”的“独寻真知”，而是在“传承人类文明的共同遗产、提高公民文化素质等方面起着不可替代的重要作用”的开放性学习行为。对于高中历史作业的设计而言，这里的“开放性”透露着两层含义：一是作业完成形式的开放性。历史作业的设计在完成空间上不应仅仅局限于课堂与校园之内，还应尝试走出教室，走向田野；在完成方法上，不能固步自封，固守学科壁垒，应广泛涉猎并充分运用其他科学的知识、理论；在完成方式上，不应局限于常规且传统的读、记、写，还应当调动学生通过对话、观摩等方式深度参与。二是作业答案的开放性。作业的功能虽然不单单局限于学业水平的检测，却必须囊括学习评价的面向。作为重要的人文基础学科，历史作业的完成情况不能等同于数学、物理、化学等传统理科，以量化数字作为唯一标准。学生在平时的考试中，经常看到的主观题答案话术，便是“言之有理即可得分”。这无疑为他们完成作业留下了极大的发挥空间，自然也就有利于课标中所讲的“进一步拓宽历史视野，发展历史思维”。

4．主体性原则

一线教师在布置作业时往往会陷入两难的境地，即：一味求全求多，则学生不堪重负，知识的学习与巩固无法深入；一味求精求深，则学生的认知始终趋于碎片，难以贯通。我们进行作业设计的根本目的是让学生学习走向深度，进而培养核心素养，并不是单单是为了拿成绩、提分数，唯有优化作业的数量和质量才是正途，求全求多并非上策。其实，只要立足大概念，确立作业设计的主体，问题便可迎刃而解。大概念是上位概念，因而具有上位性，兼备高度的统摄性和解释力。它不仅仅是知识的高度概括，其背后还蕴含着一定的视角、理念和方法。我们围绕大概念进行作业设计时，作业任务始终以大概念的核心语义和理论外延为主体。学生通过完成作业任务能够充分接受、理解甚至运用大概念，他们掌握的不再是一个个独立的知识点和知识碎片，相当于掌握了一套学习方法和思维方式。

以题海战术和大量任务向学生施压，其实质是灌输式教育的导向，因为学生始终跟着老师的脚步，被动接受。授人以鱼不如授人以渔，以大概念为主体的作业设计重在提高学生自主学习的能力。这既是深度学习的必然要求，也是学生执简御繁，通过有限的作业探索无限史事的必经之路。

三、作业设计的流程

具体应当如何立足大概念进行作业设计，从而推动学生深度学习的发生呢？我们以《中外历史纲要》第 28 课的课后作业设计为例进行详谈。该课的课标要求学生能够“认识真理标准问题讨论和党的十一届三中全会的历史意义；认识改革开放以来中国在各个领域取得的成就、综合国力及国际影响力的不断提高，认识‘一国两制’对实现祖国完全统一的重大意义”。在进行作业设计之前，我们首先要依此确定大概念。

1. 确定大概念

课标实际上对本课提出了三个要求，其中真理标准问题讨论和党的十一届三中全会是改革开放的先声与开端；“中国在各个领域取得的成就、综合国力及国际影响力的不断提高”是改革开放的重要历史影响；而课本中对于“一国两制”的论述是从 20 世纪 80 年代初开始的，这一时间点与改革开放大体重合。我们从三者的逻辑关系来看，如果没有真理标准问题的讨论和十一届三中全会的召开，改革开放就不会到来。没有改革开放，中国的综合国力与国际影响力也就不会迅速提升，那么港澳回归的进度和两岸关系的缓和势必走向迟滞。因此，本课课标的核心应该是“改革开放”。我们再从三者指涉的领域分布来看，真理标准问题的讨论严格意义上讲是思想文化的解放，中国综合国力提升反映出的实质是中国经济的飞跃式提升，港澳台关系的改善折射出国家政治上的强大。可见，课标反映了政治、经济和思想文化三个领域的史事。

我们再来看教材内容的编排。第28课隶属于第十单元，单元的序言中有这样一段描述：“中华民族迎来了从站起来、富起来到强起来的伟大飞跃”。这一系列飞跃折射出的是新变化与新发展。从每个子目来看，第一子目“伟大的历史转折”中的“转折”即是新变化，是党的思想路线、组织路线和政治路线的新变化。第二子目“改革开放的进程”中“改革”也是新变化，是党的经济路线由高度集中的计划分配走向社会主义市场经济的新变化。第三子目“‘一国两制’与祖国的统一大业”中“一国两制”同样是新变化，是国家治理体系的新变化。这些新变化都有一个共同的方向，即中国特色的社会主义。

综上，我们将本课的作业设计大概念确定为“改革开放推动了社会主义的新变化”。

2. 多方取材

作业的设计和完成都需要素材，对历史学科而言，素材主要指史料。我们应该从哪些地方寻找作业设计的史料呢？笔者认为，作业取材主要有三大源头：

其一是教材，统编高中历史教科书在内容编写上增添了大量史料。从史料类型看，可划分为图片史料和文字史料。《中外历史纲要（上）》第169页便出现了十一届三中全会的现场照片，第170页出现了邓小平同志的图文，第171页出现了世博会的升旗影像，第173页出现了习近平与马英九的合影留念……这些图片史料都是人教版旧教材中未曾涉及的。课本最后的“探究与拓展”环节提供的十一届三中全会公报更是此前未曾触及且能够直接反映会议精神的文字史料。此外，统编教材中还增加了诸多讲话会议精神，比如172页的“史料阅读”和174页的“问题探究”。用好用活这些课本素材能够使作业设计更加契合教材编写主旨。

其二是地方史料，充分挖掘和使用地方史料能够引发学生共情，从而更有效地落实学科核心素养。举例来谈，马克思对唯物史观的界定囊括了三个观点：社会存在决定社会意识；经济基础决定上层建筑；人类社会经济形态由低级向高级演进。面对如此抽象的哲学观点，如何才能让学生产生更深层次的认知呢？在以往的教学中，教师往往通过引导学生分析历史现象发生的背景，将其根源归结于经济的异动。例如，在讲授对外开放时，教师通常会循着这一格局形成的过程、取得的成就、引发的变化展开教学。学生则根据教师提供的信息，将对外开放的原因概括为计划经济体制不适应生产力的发展。这种立足国家教材的宏观论断固然提纲挈领，但略显机械的结论难免使学生在学习中对历史场景产生距离感。学生对课程的学习仅仅停留在知识记忆的浅表层面，难以深入。若以珠海地方史为切口，对改革开放进行讲授，则极易使本地学生产生共情，从而极大提高课堂教学效果和学生学习兴趣，深化他们对唯物史观的理解。

其三是国外史料，充分利用他山之石有利于引导学生更深刻地理解“中国特色”。教材中的史料大都是从中国自身的角度来回顾过往，基本出自中央各级会议、文件和讲话。前文提到，改革开放以来社会主义发展的新变化就是向着中国特色迈进的。应该怎么引导学生理解“中国特色”呢？笔者认为这里的“特色”应该是基于两个层面比较得来的，即改革开放前后的自我对比，以及改革开放前后的中西对比。这两个维度应该是相互渗透、相辅相成，共同支撑“特色”的。虽然苏联史被放在了《中外历史纲要》的下册，但在作业设计中可以适当地通过苏联史料的使用，引导学生进行初步的总结对比，这一定程度上还实现了作业的预习功能。此外，他国史料的使用，可以进一步拓宽学生的视野，树立“孤证不立”等实证思维，增强他们史料实证的能力。

3. 创新完成方式

作业按照完成的过程与方式进行归类，大体可以分为三种。

一是书面作业。书面作业是教育教学一线最常使用的作业完成形式，具有非常明显的优势，比如大量重复的书写可以在短时间内强化学生的记忆成效；题海中的奋力遨游可以切实提高学生的应试应变能力；课堂笔记的整理可以有效建立和完善学生的知识结构。但同时，书面作业的弊端亦是桴鼓相应的。书面重复抄写以及大量课堂知识的整理不利于培养学生的批判性思维和主动学习、创造的能力，这与深度学习、大概念教学的核心意义大相径庭。此外，题海战术大大降低了学生学习的主动性和积极性，学生的学习不是因兴趣发生的深度学习，而是功利目的催生的机械化、模式化训练。

正因如此，对学生而言，良好的书面作业设计应该能够推动知识的生成、思维的培养和能力的运用。就拿本节课来说，在进行作业设计时，笔者给学生布置了一个书面作业："明明苏联的社会主义建设和发展都比中国要早，可为什么苏联最终以解体为归宿，而中国却实现了从站起来、富起来到强起来的跨越式发展呢？请同学们充分利用教材、课外书籍和知网收集中苏双方史料进行论述，要求史论结合，观点明确。"苏联解体是一个基本常识，对此，即便还未学过《中外历史纲要（下）》，学生也能略知一二。从知识生成的角度来看，学生通过对这一问题的回答，不仅可以对《中外历史纲要（下）》的相关内容进行充分的前瞻性学习，还能通过比较，更好地理解"中国特色社会主义"这一概念。从思维的培养上讲，作业要求中明确提出学生应该收集中苏双方史料进行论证，这就培养了学生开展比较研究的思维方式，教会了学生全面与孤立看待某一问题的不同。从能力的运用上说，收集史料并进行论证，这涉及史料实证的培育。题目为学生提供了史料的几大基本来源，这些浩如烟海的史料库，可以锻炼学生去伪存真的能力。阅览知网论文的过程也可以教会学生如何使用史料。

二是对话式作业。我们都知道，苏格拉底将谈话法视为教育教学的重要手段。一般来说，我们很少将对话列为作业的一种形式。但是高效的对话有利于提高学生的学习效率，培养学生的批判性思维，从而形成良好的表达能力，助推学生旧知的解构与新知的建构。第28课所涉内容为改革开放以来的历史，从时间跨度上讲，史事发生时的当事人基本健在，这些历史亲历者本身就是活的史料库。

围绕本节课的大概念，笔者设计了一个对话式作业——"请采访身边的亲友，谈谈'一国两制'为珠澳两地的生活带来了什么变化？为什么会有这些变化？"这个题目一经抛出，便引起了同学们的质疑："老师，这是历史作业吗？"这个题目乍一看，确实有些政治作业的意味，但学生若想较为全面地回答这一问题，势必要与不同类型的群体展开口述对话。学生拿到作业后，首先想到的便是采访同学和朋友。珠海与澳门一衣带水，人员往来频繁。学生通过与朋友的对话可以轻易地比较出珠澳两地生活的不同，并借此深度理解“两制”的差异。当学生的采访对象变成澳门回归的亲历者时，情况便又有不同。亲历者在谈及珠澳差异的同时，会特别关注珠澳的相同点，因为毕竟澳门回归后作出了一系列向内地靠拢的改变，这正是“一国两制”中“一国”的内涵。学生在开展过两个维度的对话后，应该能够利用已有的知识总结出“两制”的差异是为了更好地实现“一国”而存在的。

三是实践活动作业。历史学作为一门探寻历史规律的基础人文学科，大部分时间都在故纸堆里做文章，与地下文物打交道，跟物理、化学和生物等实验性学科相比，实践性不强。但在越来越强调学生核心素养和综合素质的当下，作为作业的实践活动始终是一线教师绕不开的话题。比如，在统编版《中外历史纲要（上）》的第 183 页，教材便专门设计了活动课。不宁唯是，课标中也在论述活动之于历史学习的重要意义。

在学习完成新课后，笔者围绕大概念设计了一个活动作业——“为什么改革开放初期，中央会选定珠海作为经济特区？珠海特区‘特’在哪里？请大家通过走访调查，结合自身见闻进行作答。”为什么要设计这样一个问题作为作业呢？其一，这是国家课程中并未涉及，而本地学生极为关切的话题。本地人学习本地史事，可以激发深度学习的兴趣。其二，这是一个理论与实践相结合的问题。学生要理解珠海的“特”，既要掌握课本知识，又要走出珠海，去周边的中山、江门一日游，亲身感受和体会，这就大大强化了学生学习的实践性和参与度。

这一作业的呈现方式并非是文字的总结，而是学生的课堂演讲或情景展示。这一方面体现了以学生为中心的课改思想，另一方面强化了学生的互动交流。课堂上，笔者请家在中珠交界的学生向大家介绍了坦洲、三乡的工业状况，及其与珠海的密切往来。通过讲述，学生得知，珠海北接中山、广州等工业基础较好的城市，为发展外向型经济提供了生产动能，具备建立特区工业腹地的条件，这正是珠海成为经济特区的地理区位优势。再者，学生透过生活中的实际案例真正理解了，坦洲与珠海市虽是一桥之隔，但在基础设施建设、政策制度、商业发展等方面却有巨大差异，这正是珠海之“特”。

总之，立足大概念开展的作业设计不仅可以强化作业内容整合度，实现“点—线—面”的一体化、全覆盖，还可以增强作业结构的合理性。在作业的实际设计过程中，教师需要遵循目标性原则、结构性原则、开放性原则和主体性原则，立足教材与课标合理确定大概念，统筹“国家—地方”和中西比较的两个视角完善作业内容，以口述、实践、书面等多种新式补足作业完成方式。

第五章

以评促学：大概念统领下的高中历史深度学习评价

中共中央、国务院于2020年印发了《深化新时代教育评价改革总体方案》。作为纲领性质的宏观指南，文件为新时代教育评价改革的重点任务、组织实施指明了方向。那么，具体落实到中学历史课堂，评价应该如何开展呢？对此，课标着重提出了学习评价（而非教学评价）的建议，要求广大教师在评价过程中坚持“以发展学生历史学科核心素养为纲”，制定“符合学业质量要求的评价目标”，尝试“多维度进行评价”，重视“评价反馈”。可以说，学生如何学、学得怎么样业已成为衡量高中历史教育质量的重要标尺。

教育教学评价的目标并不在其本身，而在于反哺学生发展过程的优化。及时、客观、有效的评价能够帮助教师掌握学生学业基本情况，最大程度地激发各级各类教育教学活动的潜能；能够引导学生有的放矢地改进学习方式、优化学习方法，不断推动学生的学习走向深度。那么，我们应该如何立足大概念开展指向深度学习的评价？

围绕中学课堂开展的深度学习评价研究方兴未艾。如果我们以知网的大数据作为分析样本则不难看出，这一研究领域的深耕也不过是从2014年开始的，且有逐年增多的趋向。2014—2016年，知网收录的相关论文数量一直维持在个位数，而2017—2020年这一数字一路攀升到近百。若我们将目光更进一步地聚焦到中学历史学科，那么这一数字仍嫌太少。当前，中学历史教研领域多着力于探究实现深度学习的教学策略、教学方法，鲜有学者对学生深度学习的成效展开评价研究。这也正是本文所要着重探讨的问题。

第一节　大概念统领下的高中历史深度学习评价标准

在对学习行为展开评价前，首先要确定严格的评价标准。易言之，我们要弄清楚：高中历史深度学习最终要落脚到哪些面向？学生学到哪种程度才算好？在此逻辑下，标准的制定应当时刻以学习目标和教学目标为依归，从而推动教、学、评的深度融合。新课标指出，评价目标的确定需要“以课程内容、历史学科核心素养水平为依据”。这里的历史学科核心素养无疑就是“双新”背景下教与学目标的重要体现，也是高中历史深度学习的重要依归。而课程内容则是学科核心素养得以落实的重要抓手。此外，课标还提到，要充分考虑到学生的具体情况，“制订等级化、个性化的评价目标”。也就是说评价标准应兼顾好学生学习共性与个性的统一。

一、历史学科核心素养的评价标准

新课标的附录部分向一线教师展示的《历史学科核心素养水平划分》为测量学生学习水平提供了重要参考。黄牧航教授等学者曾撰文将《历史学科核心素养水平划分》转化为了《历史学科核心素养分类分层测评标准》。这一开创性工作无疑为此后的讨论提供了极大的帮助。笔者在此基础上对历史学科核心素养的评价标准问题进行了再讨论，不当之处，望方家指正。

1. 唯物史观素养的评价标准

新课标中对唯物史观核心素养的水平划分如表 5–1–1 所示：

表 5–1–1　新课标中对唯物史观核心素养的水平划分

水平	唯物史观
水平 1	能够了解和掌握唯物史观的基本观点和方法，理解唯物史观是科学的历史观
水平 2	
水平 3	能够将唯物史观运用于历史学习、探究中，并将其作为认识和解决现实问题的指导思想
水平 4	

由表 5–1–1 可知，新课标客观上将唯物史观的素养水平划分为两个层次。表中对最低水平的表述是“能够了解和掌握唯物史观的基本观点和方法，理解唯物史观是科学的历史观”。实际上，在此情况下学生对唯物史观核心观点的掌握就已经不再停留于记忆、背诵层面，而是上升到了“理解”本质的程度。不仅仅是“理解”，学生还要能深度“理解”，方可体

会到“科学”的内涵。那么，学生是否真的从一开始就可以深度理解唯物史观？这显然有违教学实际。如此，我们应当怎样制定唯物史观素养的评价标准呢？

课标中说，“唯物史观是揭示人类社会历史客观基础及发展规律的科学的历史观和方法论”。基于此，黄牧航先生认为，“唯物史观的内容有观点与方法之分”。对此，笔者深受启发。私以为，学生对唯物史观内容的掌握，应该由三部分组成，即视角、方法、观点。历史观当然是由一系列描述性观点联结而成，但历史观应用到具体的史事解读层面，却是一种视角的体现。比如，“经济基础决定上层建筑”是唯物史观的基本观点。学生可以将其当作一种跨学科的上位观点进行理解识记；学生还可以将其作为一种分析方法来解释史事：为什么西方国家会在新航路开辟后疯狂地殖民扩张？答案当然是商品经济的发展需要更加深厚的资本积累；学生亦能够将其作为一种视角出发来观察史事：殖民扩张产生了什么影响？这一问题从环境、文明等不同的视角会得到不同答案。唯物史观视角指向了推动欧洲资产阶级发展和资产阶级革命的发生。

当然，在制定具体评价标准的过程中，三者确实没有必要作进一步的细分。因为“观点”落实到学生具体学习行为上就是识记、理解，“方法”和“视角”落实到学生的具体学习行为上是运用。三者其实共同代表了同一学习过程的不同阶段。那么，学生对唯物史观的掌握应该分为哪几个层次呢？黄牧航先生将其划分为三个维度，即：对唯物史观基本原理的理解，运用基本原理分析教材内容，运用基本原理解决新问题。他对理解维度的具体描述是“能够表述、解释和讨论唯物史观的基本观点和方法”。实际上“表述、解释和讨论”并不在同一维度。毋庸置疑，在浅层的识记阶段，学生就可以对基本观点进行表述。而深度的解释却必须以理解为前提。讨论则更进一步，需要观照对话者的观点，围绕自己对唯物史观的认知进行不断建构。再者，黄牧航先生所称的后两个运用层次，其实始终囿于历史学科范畴，区别在于问题在教材内还是课堂外。实际上，唯物史观并不是历史学科的内部观点，它还应能被迁移到其他人文社会学科甚至现实生活进行使用，这是必须被高度关注的。基于此，笔者尝试运用一个表格对此进行初步的总结、归纳与概括：

表 5-1-2　唯物史观素养分层标准

水平	唯物史观
层次一	能对唯物史观的基本观点进行机械性的识记
层次二	能够了解和掌握唯物史观的基本观点和方法，理解唯物史观是科学的历史观
层次三	能够将唯物史观运用于历史学习、探究中
层次四	能将唯物史观作为认识和解决现实问题的指导思想

2. 时空观念素养的评价标准

新课标将学生时空观念的素养水平划分为由“水平 1”到“水平 4”的不同维度。我们以最低层次的“水平 1”为例。课标的描述是，“能够辨识历史叙述中不同的时间与空间表达方式；能够理解它们的意义；在叙述个别史事时能够运用恰当的时间和空间表达方式”。这段描述中，“辨识”“理解”与“运用”明显是对学生三个不同程度能力的考察，但它们指向的都是“时间与空间的表达方式”。那么，学生应当如何理解“时间与空间的表达方式”这一概念？我们仍须再次回到课标中寻找答案。

课标对时空观念的定义是，“在特定的时间联系和空间联系中对事物进行观察、分析的意识和思维方式”。此处尤当注意：学生需要在特定的时间“和”空间中对史事进行观察、分析，课标用的是“和”不是“或”。这就表明，学生在利用时间与空间描述某一史事、表达某一看法时，应当是综合分析、一体而论的，不宜割裂来看。在这一层面上，学生的水平会形成四个不同的维度差异，由高到低依次是：能够探寻历史发展规律；能够厘清史事因果脉延；能够探析独立的历史事件；能够掌握特定时空特征（但无法与史事相联系）。我们如果再往更深一步探讨，学生在历史学习认知过程中是否会出现时空分离的现象，将“和”学成了“或”呢？根据一线教学经验来说，答案是肯定的，而且一定是相当普遍的。更为严重的是，还有部分学生会将时空特点记混、记错，出现时空错位的现象。综上所述，笔者将时空观念素养的评价标准以表格的形式进行具体呈现：

表 5-1-3 时空观念素养分层标准

水平	时空观念
层次一	时空错位，无法将具体历史事件的时间和空间正确地对应联系
层次二	时空分离，只能将史事置于单一的时间或单一的空间下进行考察
层次三	能够掌握特定的时空特征，但无法与具体的史事建立紧密联系
层次四	能够将独立的历史事件置于特定时空进行考察
层次五	能够将不同史事进行跨时空的联系、考察、分析
层次六	能够在特定的时空框架下总结历史发展的规律

3. 历史解释素养的评价标准

在某种意义上讲，历史研究和历史学都是对历史的解释，其背后难免带有人为的价值判断。克罗齐的“一切历史都是当代史”和克林伍德的“一切历史都是思想史”皆对此进行了充分诠释。历史解释之于历史学的重要性不言而喻。

《历史学科核心素养水平划分》将历史解释的素养水平划分为了四个程度。“水平 1”要求学生“能够辨别教科书和教学中的历史解释；能够发现这些历史解释与以往所知历史解释的异同”。在此层面上，学生需要对现有的历史解释进行辨识和判断，相对而言难度是比较小的，因为现有的解释本身即能为学生提供分析框架或解读抓手。“水平 2”要求学生“能够选择、组织和运用相关材料并使用相关历史术语，对个别或系列史事提出自己的解释”。这一层次对学生的要求明显更高了，学生需要运用相关材料对史事进行解释，涉及论据的使用、论证逻辑的完善。只不过，此处解释的对象是孤立的。“水平 3”要求学生“尝试从来源、性质和目的等多方面，说明导致这些不同解释的原因并加以评析”。也就是说，学生不仅要懂得对历史进行解释，还要学会对“历史解释”进行解释，分析历史解释的缘由。不仅如此，解释的角度还必须由单一走向多元。“水平 4”要求学生“在独立探究历史问题时，能够在尽可能占有史料的基础上，尝试验证以往的说法或提出新的解释”。此处，“独立探究”强调了历史解释的独立性和自主性，“尽可能占有史料”强调了历史解释与史料实证的有机结合，“验证”和“提出新的解释”强调了学生与既有研究形成对话，这些都是高阶思维的认知活动。

我们应该如何依此制定历史解释素养的评价标准呢？新课标把历史解释列为五大学科核心素养之一，将其释义为“以史料为依据，以历史理解为基础，对历史事物进行理性分析和客观评判的态度、能力与方法”。根据这一定义，综合前述《历史学科核心素养水平划分》的相关释读，我们可以抽象概括出历史解释素养的三个分层路径：其一，解释什么。历史解释的对象不仅囊括史事本身，还包含对史论的再诠释。其二，怎么解释。历史解释的态度是一个由主观到客观的发展过程；历史解释的能力会历经“解释孤立史事本末—解释系列史事因果—解释历史发展规律”等多个阶段；历史解释的方法也会经过“就事论事—就事论史—就史论事”三个阶段。这里着重解释一下，“就事论事”是指学生能够通过阅读对现有的历史解释进行辨识、接受、认同或反对；“就事论史”是指学生能够通过现有的历史解释形成一定的价值观念、解释方法，并以此尝试对新接触的历史进行解读；“就史论事”是指学生能够通过史料的充分利用，提出新解释，得出新观点，与现存研究展开对话。其三，拿什么解释。历史学讲求论从史出、史论结合，学生在解释的过程中对史料利用的程度，亦应是重要的评价参考标准。基于此，笔者通过表格形成初步结论：

表 5-1-4　历史解释素养分层标准

水平	历史解释
层次一	能够对现有历史解释进行初步辨识，凭借自身知识框架得出主观判断
层次二	能够对单一史事进行现象、始末的解释
层次三	能够对系列史事展开因果脉延的解释
层次四	能够通过对长时段史事的考察，解释历史发展规律
层次五	能够通过史料的搜集、整理和归纳，与现有的历史解释形成对话

4．史料实证素养的评价标准

史料对历史学而言是根本性的，傅斯年甚至说“历史学只是史料学”。因之，2017 年新课标将史料实证列为历史学科核心素养的重要组成部分，要求学生“重视史料的搜集、整理和辨析”，“并运用可信的史料努力重现历史真实”。什么样的史料才是“可信的史料”？如何才能判定历史结论的真实性？对此，王国维提出了“二重证据法”，要以“纸上之材料”与“地下之新材料”相互印证。史料之重要性如斯。那么，新课标对史料实证的水平是如何划分的呢？

新课标虽然将史料实证的素养水平划分为四种程度。但总结起来看，其实是从三个路径对其进行分类的。一是对史料类型的区分和掌握程度。比如，“水平 1”中提到“能够区分史料的不同类型”；“水平 2”中指出“能够认识不同类型的史料所具有的不同价值”；“水平 3”中涉及的“能够利用不同类型史料，对所探究的问题进行互证”等等。这一分类中又有三个不同的分层。学生首先要区分史料的类型，文字史料、实物史料、口述史料各有什么特点。在此基础上，才能从不同史料的来源和形成过程中，深刻理解不同类型的史料价值。由此，当不同类型的史料发生冲突、矛盾时，学生才能有效地辩证取舍。二是史料搜集、辨析、整理的能力。比如，“水平 1”要求学生在解答历史问题时，“能够尝试从多种渠道获取与该问题相关的史料”；“水平 3”要求学生在探究特定历史议题时，“能够对史料进行整理和辨析”；“水平 4”提出学生应该“能够比较、分析不同来源、不同观点的史料”；等等。这一分类中同样揭示了三个分层，亦即：“学生收集史料—学生整理史料—学生分析史料”。这是几个环环相扣而又相辅相承的阶段。三是对史料的运用方法与水平。比如，“水平 1”指出学生应该“能够从所获得的材料中提取有关的信息”；“水平 2”要求学生“能够尝试运用史料作为证据论证自己的观点”；“水平 4”指出，学生要能够探析史料作者意图，运用史料对历史和现实问题进行独立探究。这一分类中揭示了两大分层：从史料中提取信息；利用史料信息。

表 5-1-5　史料实证素养分层标准

水平	史料实证
层次一	能够搜集并区分不同史料类型，从史料中提取有效信息
层次二	能够辨别不同类型史料的价值，并整合史料论证自己的观点
层次三	能够探析史料作者的意图，辨别史料真伪，用史料独立探究历史问题
层次四	能够养成实证思维和证据意识，并用以处理现实问题

5. 家国情怀素养的评价标准

相较而言，对家国情怀素养的评价标准分层分类难度较大，因为《历史学科核心素养水平划分》中并未对其提出明确的等级划分。但我们如果对课标中的内容进行细读，就会明显发现其实内中暗含了三大指向：一是认同。水平划分中提到，学生“能够具有对家乡、民族、国家的认同感，理解并认同社会主义核心价值观和中华优秀传统文化，具有对祖国和人民的深情大爱”。从地理空间上来说，这是对家乡和国家两个层面的认同。从实质上讲，是对情感价值和传统文化的认同。课标中还提到，学生应该“理解和尊重世界各国优秀文化传统”。这同样是认同，只不过认同的空间由国家扩展到世界，认同的内容具象到“优秀文化传统”。二是反思。水平划分中指出，“能够表现出对历史的反思，从历史中汲取经验教训，更全面、客观地认识历史和现实社会问题”。从学生的具体学习行为来看，这是两个过程。首先要总结和归纳史事背后的经验、教训，其次要以这些经验、教训为抓手，对历史问题和现实问题进行分析与审视。三是建构。水平划分中同样对学生家国情怀的生成层面提出了新要求。这一建构的要求囊括两大维度：对学生自己而言，需要形成正确的“世界观、人生观和价值观”；对国家和社会而言，学生要培养为民族复兴和社会主义建设奋斗的志趣。

以上是对学生家国情怀素养评价内容的分类。那么，我们应该如何对其进行合理的分层呢？黄牧航将其设定为三大分层，即“对正误观念做出判断”“给出判断正误的理由”“把理由用于实践分析”。笔者十分认同其总体的分析框架，但在拜读的过程中萌生出了部分个人看法。黄先生分层理论的原点是学生对正误观念的判断。但我们接触到任何事物时，都不会轻易产生正误判断，一定是在理解的基础上先有足够的理由，才能对其作出判断。作出判断后，学生会有所抉择，并将正确的观念予以践行。因之，笔者认为，若我们将家国情怀素养的评价分层归结为“理解正误观念—判断正误观念—选择正确观念并践行”或许更加合理。笔者同样以表格的形式对此进行归纳。

表 5-1-6 家国情怀素养分层标准

一级分类	二级分类	分层	内容
认同	对家乡、民族、国家的情感认同和传统文化认同	理解正误观念	能够对家乡、民族、国家的传统文化有较为深入的观察和理解，对民族复兴的历史进程具备清晰的认识
		判断正误观念	甄别传统文化中的糟粕，对民族、国家历史进程中的事件、问题有客观明确的判断
		选择正确观念并践行	基于家乡、民族、国家的传统文化产生文化自信，基于中国历史发展脉络涵养道路自信
	对世界各国优秀文化传统的尊重与理解	理解正误观念	能够对世界各地历史文化和民族传统有一个较为整体的印象和了解
		判断正误观念	能够准确地判断世界各地文化中的优劣、精华、糟粕
		选择正确观念并践行	以客观、公正的视角对世界各地的优秀文化传统报以充分的理解和尊重
反思	总结、归纳和反思史事经验与教训	理解正误观念	能够通过历史学习，围绕历史事件的因果脉络，总结和归纳历史进程中的得失、成败
		判断正误观念	能够以客观的态度和立场，正确地判断历史人物的功过，准确分析历史走向的动因
		选择正确观念并践行	坚持历史学习、研究和反思的正确态度和方法
	鉴古知今，以历史经验分析解决具体问题	理解正误观念	通过对史事逻辑的梳理，深度理解历史经验的迁移价值和研究方法的跨学科应用
		判断正误观念	正确判定历史经验的适用性，以及历史研究、分析方法迁移的可能性
		选择正确观念并践行	以正确的历史经验、历史方法解决历史问题和跨学科问题
建设	形成正确的人生观、世界观和价值观	理解正误观念	能够对各种不同的人生观、世界观和价值观展开深入细致的了解
		判断正误观念	能够在理解的基础上对不同的人生观、世界观和价值观进行正确辨识，作出向善向美的价值判断

（续表）

一级分类	二级分类	分层	内容
		选择正确观念并践行	能够树立正确的人生观、世界观，确立积极进取的人生态度，养成健全的人格；坚持社会主义核心价值观
	形成投身国家建设、民族复兴的志趣	理解正误观念	对践行社会主义核心价值观、投身中华民族伟大复兴的方式方法有充分的、切实的理解和掌握
		判断正误观念	准确判断实践路径、践行思路的可行性
		选择正确观念并践行	将对民族复兴、社会主义建设和国家强大的认同付诸实际行动

总之，在对历史学科核心素养进行分层和分类的过程中，应当立足《历史学科核心素养水平划分》，结合新课标中的概念定义，从五大方面进行考量，使评价标准具有实践性。

二、大概念教学的评价标准

中学历史大概念教学走入学界眼帘，源自新课标和新教材的颁行。部编教材由以往的专题史变为了通史，课时内容增多，教学难度加大。如何处理教材，使教师能在有限的课堂时间内，向学生高效讲授历史知识，推动历史学科核心素养进一步落实，成为一线教师面临的共同问题。新课标前言为此提供了解决对策，指出应“重视以学科大概念为核心，使课程内容结构化，以主题为引领，使课程内容情境化”。大概念教学遂成为中学历史教学研究的一时之选。

本课题中大概念的使用是横亘在传统教学与深度教学、浅层学习与深度学习之间的关键中介。若教师不对学习的路径或方法进行评价，仅仅以学习结果为导向来进行“深”和“浅”的讨论，难免本末倒置。因为方法路径对了，学习走向深度不过是顺理成章的事。那么，应如何对这一方法进行评价呢？评价的分类与分层应该怎么划分呢？

在以大概念为依托，不断推进学习走向深入的过程中，教师不断转变教学观念，由教教材、教知识，转变为教方法，而方法实施的每个环节无疑都关乎教学成效。因之，我们可以将大概念教学的不同环节作为分类指标，将每一环节的落实程度作为分层依据。那么，立足大概念开展的中学历史教学具体有哪些环节呢？在前文中，我们已将大概念学习的环节概括为“教师提炼大概念—教师解释大概念—学生理解大概念—教师引导学生使用大概念—学生自主运用大概念”，兹依次详述。

1. 提炼大概念的评价标准

虽然目下言及大概念教学的论著如雨后春笋，但大概念如何选取仍是值得深究的学术议题。曾有学者提出历史学科的大概念就是唯物史观的基本主张。这种说法自有其内在逻辑和道理。但需要注意的是，大概念的“大”，以及上位概念的“上”不能没有限度和边界，否则会陷入哲学式的抽象，以致于将历史课变成说理课，最终与教学实际渐行渐远。这是当前学术讨论极易忽略的问题，也是过度强调大概念时容易产生的矫枉过正。高中历史大概念教学的提出，是基于部编教材知识的琐碎，便于教师系统解读教材内容的。在哲学式的抽象与知识的琐碎中间，我们需要对标课标，依据史事发展的主体脉络，充分考量每一历史时期的阶段性特征，进而提出“大”的合理的概念进行教学。这实质上关切着大概念的提炼之法。

在开展具体评价之前，我们首先应当明确，提炼大概念的主体是教师而非学生。因本文探讨的是立足大概念的高中历史深度学习。在此之前，大概念是学生开展自主学习的指向标和指挥棒，是教师主导性的关键体现。若连大概念都由学生来制定，那便与自学无异。在这样的条件下，学习能否走向深度暂且不论，浅层的机械记忆是否准确也成了问题。

对教师而言，大概念提炼得好不好，主要取决于三个层次的判断：一是大概念是否与课标要求相结合。与课标要求相背离亦或者关联性不大的大概念，容易导致学生的学习偏离既定的教学目标，无法生成完整的知识框架和认知结构。二是大概念是否与学生的身心特点相适应。这直接关系到学生能否听得懂、用得好大概念。若学生连大概念是什么都无法学懂弄通，那么大概念便是镜花水月，师生交流便是鸡同鸭讲。三是大概念是否与教材相联系。教材是学生学习内容的主要来源。若大概念与教材脱节较为严重，学生将无法系统地对教材进行解读。学生的学习和教材的编写将陷入“两条腿走路”的窘境，造成思维和逻辑上的混乱。

2．解释大概念的评价标准

大概念教学虽然最终要使学生对教材知识产生较为深入的认知和掌握。但教师在教知识前首先要进行的是教“概念”。一方面，教师要帮助学生弄通概念的基本学科内涵，讲清概念是什么，如此方可避免鸡同鸭讲的尴尬，防止学生和教师之间存在认知的偏差，加强课堂的有效性。另一方面，教师要向学生充分解释概念提炼的主要路径，授之以渔，引导学生逐渐具备自主发掘大概念的方法和能力。

那么，应如何评价教师对大概念的解释好不好呢？在解决这一问题前，我们首先要弄清楚，教师要向学生解释清楚大概念哪些层面的内涵。笔者在讲授统编《中外历史纲要（下）》第 8 课《欧洲的思想解放运动》时，将大概念确定为“人文主义复兴的历程”。谨以此为例，进行详谈。笔者认为，教师首先需要向学生解释清楚大概念的历史学科内涵。什么是历史学科内涵？通俗地讲，也就是某个大概念在历史学领域指涉哪些具体史事。“人文主义复兴的历程”在高中历史学习里主要囊括了文艺复兴、宗教改革、近代科学的兴起以及启蒙运动等事件，这就基本划定了学生学习的主要内容。如此，学生的学习就是有的放矢的。其次，教师还要向学生解释清楚大概念的理论外延。此处的理论外延指的是历史学科之外，大概念本身有哪些意思。首先向学生解释清楚，什么是人文主义，何谓“复兴”。教材上对此有明确的解释。在本课的第一个子目，教材中提到，“复兴”就是“再生”的意思；而按照以往的教学结论，人文主义则是以人为中心，肯定人的价值，追求现世幸福的意思。最后，教师还要向学生解释大概念背后折射出的思维逻辑。比如，实际上作为大概念的“复兴”不能简单理解为“再生”，它还包含着对中世纪宗教神学、君权思想的反动，以及人文主义再生之后的再发展。这是一个暗含着正反两面、双向并进的历史过程的词汇。教师要及时复盘，引导学生梳理宗教神学、君主专制的层层脱落，由发掘人性到反教会、反君主、倡民主的步步递进，让学生领会“倒放电影”式的反观。以上即是对“解释大概念”这一环节进行评价的三个重要维度。

3. 理解大概念的评价标准

“理解大概念”这一环节指涉的对象其实是学生。学生对大概念的充分理解，是大概念教学得以成功的关键。从某种意义上说，利用大概念进行教学的过程，其实是一种工具传输的过程：教师以大概念为工具，对教材内容进行整理、归纳和总结，围绕历史背后的逻辑脉延展开以点带面式的诠释。学生以大概念为工具，构建新的知识框架，在不断整理、归纳旧有知识的同时，又把新知进行有序编排。这个工具传输的过程其实存在着风险，亦即学生与教师对同一大概念的理解是否相同。我们举例来谈：

《中外历史纲要（上）》第 4 课的标题隐含着一个大概念，“统一多民族封建国家的巩固”。这个大概念中存在一个极易混淆的词——“封建”。因为在学界存在巨大争议，在以往的实际教学中，很多老师已不再将该词作为重点展开论述。但新课标中却再次要求学生“认识统一多民族封建国家的建立及巩固在中国历史上的意义”。教师往往会依照马克思主义的几种社会形态学说，向学生介绍：夏商周奴隶制社会后，中国自秦便进入了封建社会，这是一种社会形态的嬗蜕。但课本和一些历史著作中往往有另一种理解，并且放在本课之中也完全讲得通：西周时期的“封邦建国”有时也会被简称为“封建”。而在汉代，郡国并行制下也有封国的存在，这恰恰又解释得通。学生乍一看好似并无不妥，在这一理路下也能将知识吃透弄懂。但是按这样的思维去理解，郡国并行制瓦解后，封建国家是不是就不存在了？

对学生理解大概念这一环节的评价分层应当是基于教师解释大概念得来的。易言之，学生能不能理解大概念的学科内涵，能不能理解大概念的理论外延，能不能理解大概念的哲学逻辑，应当是进行评价时必须要充分考量的面相。

4. 引导学生合理使用大概念的评价标准

在具体教学过程中，教师要围绕大概念对课堂教学过程中的史事展开解读，引导学生以大概念分析具体历史问题，真正确立学生的主体地位。比如，在学习隋唐政治史时，会讲到唐代两税法，此时教师向学生展示以下几则材料：

材料 1：安史乱后出现民户大迁徙和土地所有权的大规模转移……天宝十三载编民 900 万户，其中缴纳赋税的课户为 530 万户……乾元三年只有 193 万户编民，其中课户只有 78 万……朝廷的财政出现严重危机。

——翁俊雄《唐后期民户大迁徙与两税法》

材料 2：公元 780 年，宰相杨炎上书唐德宗“凡百役之费，一钱之敛，先度其数而赋于人，量出以制入。户无主客，以见居为簿；人无丁中，以贫富为差……居人之税，秋夏两征之，俗有不便者正之。其租庸杂徭悉省，而丁额不废，申报出入如旧式。其田亩之税，率以大历十四年垦田之数为准而均征之”。

——《旧唐书》

材料 3：国家定两税，本意在忧人……奈何岁月久，贪吏得因循，浚我以求宠，敛索无冬春。

——白居易《秦中吟十首·重赋》

在出示材料后，教师抛出“魏晋至隋唐时期的融合与创新”这一大概念，同时要求学生根据大概念自主解读三则史料并提出相关问题。“魏晋至隋唐时期”是时空限定，在这一教学片段中作用不大。学生大都将目光集矢于“融合与创新”。据此，学生纷纷提出问题。其中出现频率较高的有：唐后期税制变革的原因是什么？与租庸调制相比，两税法存在哪些不同？两税法的颁布给社会带来了哪些变化？两税法与前代税制有何关联？在这一教学环节过程中，大概念为学生解读材料提供了一个方向。学生发现问题、提出问题的过程，实质上是利用大概念进行学习的过程。

那么，在对这一环节进行评价分类时，必须以学习结果为指向，统筹兼顾三项内容：一是教师能够引导学生利用大概念解决孤立的历史问题。比如上述课例中，学生能够抓住“融合与创新”，就事论事地理解隋唐制度的发生并非是历史的偶然，而是在漫长历史时期中的累积和创新。二是教师能够引导学生利用大概念解决复杂历史问题。比如，学生通过上述课例的学习，可以学会用“融合与创新”的思维分析更多的历史现象，诸如汉承秦制等等。三是教师能够引导学生利用大概念解决跨学科问题。大概念本就具有上位性，不等同于一般的学科概念，具有跨学科的迁移属性。比如，学生能够以“融合与创新”为原点，对传统文化的嬗蜕演变进行分析，对中国当代的制度创新、文化发展有更加深入的理解。

5. 学生运用大概念的评价标准

学生在围绕大概念进行自主学习时，会对知识进行辩证的理解，从而通过脑海中已有的知识对认知框架进行整合、重组与建构，这无疑是一个主动且深度学习的过程。在学习隋唐制度时，学生会根据课本内容，第一时间关注到三大制度的变化与创新。但当学生再以“融合与创新”展开进一步解读时，他们会发现历史是不能完全割裂的，隋唐科举制吸取了历代选官制度的经验与教训，是一种融合式的发展。科举制与察举制、九品中正制相比，出发点都是选拔官僚，根本目的都是维护封建统治。而唐代渐趋完善的三省六部制，也不过是中国古代“限相权、强皇权”这一主流下的分支。可以说，隋唐政治制度的变化、创新都指向加强专制主义中央集权这一不变的目的。通过围绕大概念进行学习，学生明显可以认识和理解：事物具有两面性，必须一分为二地进行辩证分析，不能看作截然对立的双方。带着这样的思维方式，学生在对此后接触到的历史人物、历史事件进行评价时，便会更加全面。这也就是深度学习所谓的知识结构的生成、价值观念的锻炼和思维能力的迁移。

深度学习的发生是师生共同参与的过程。与第三个环节相比，此处更多是在强调学生学习的自主性和独立性。学生能否自主提炼大概念，学生能否自主运用大概念发现问题，学生能否运用大概念独立解决问题，应当成为本环节的评价分层依据。

综上所述，我们将大概念教学的评价标准以表格的形式进行展现：

表 5-1-7　大概念教学的评价标准

角色	二级指标	层次一	层次二	层次三
教师	选择大概念	能够结合自身知识储备准确提炼出大概念	能够根据课标要求和教材内容调适大概念	能够统筹学生身心特点和接受能力完善大概念
	解释大概念	能够清晰地向学生解释大概念的学科内涵	能够向学生清晰地解释大概念的理论外延和跨学科属性	能够向学生解释清楚大概念背后的思维逻辑
	引导使用大概念	能够引导学生使用大概念解决单一的历史问题	能引导学生解决复杂的历史现象，厘清史事的因果脉络	引导学生以大概念为抓手解决其他历史问题和跨学科问题
学生	理解大概念	可以理解大概念的历史学科内涵	可以深入理解大概念的理论外沿	可以理解大概念的学科基本内涵、哲学外沿与提炼路径
	自主运用大概念	学生无法自主运用大概念解决实际问题	学生可以运用大概念解决历史学科问题，却无法迁移到跨学科领域和社会现实问题	学生可以自主运用大概念的方法解决历史问题、跨学科问题和社会现实问题

本文的题目中指涉三个相对重要的关键词，即核心素养、深度学习和大概念。在对历史学科核心素养以及大概念的评价标准进行探讨过后，我们依旧面临着几个问题，亦即：我们该如何建立教学目标（历史学科核心素养）与教学方法（大概念）的关系性呢？易言之，我们怎么能够证明，相应的教学成效是使用大概念这一方法后取得的呢？此外，我们应当以什么样的方式方法来对深度学习展开评价呢？

第二节　大概念统领下的高中历史深度学习评价方法

我们在对评价标准进行详细的讨论过后，需要确定评价开展的方式方法。深度学习与浅层学习相对，反映的是学生的学习程度。学习程度应当怎么评价？我们评价的到底是学习过程、学习结果、学习程度还是学习方向？毋庸讳言，这些问题都是至关重要的。

布鲁姆提出的教育目标分类理论，以及比格斯所倡导的SOLO（Structure of the Observed Learning Outcome）分类理论在深度学习的评价研究中具有很大的参考价值，也是当前学界讨论较多的两种评价方法。对这两种方法的探讨具有极大的理论指导意义和教学实践影响，兹于本文中分类详述。

一、教育目标分类法

美国教育学家、心理学家布鲁姆在1956年撰写出版了《教育目标分类法》一书。根据该书的主要观点，教育目标被由简单到复杂地划分为知识、领会、运用、分析、综合和评价等六个层次。这一理论的提出在国内外引发了强烈反响。我们以具体的历史习题对这六个分层进行初步的分解与讨论：

1. 知识

知识目标涉及学生对具体史事的机械性记忆、对历史学专业术语和基本概念的初步掌握、对历史学普遍原理和历史发展规律的简单接受。这是历史学习最初级的阶段，学生尚且停留在死记硬背的学习维度中。如：

（1）下列属于儒家学派代表人物的是（　　）

A. 孔子　　B. 老子　　C. 庄子　　D. 墨子

（2）××××年，哥伦布在×××王室的支持下，发现了×××新大陆。

（3）甲午战争失败的原因有哪些？

2. 理解

理解目标要求学生能够理解史料的内容和意义；能够对历史学的核心概念和基本原理有较深理解；能够将历史知识由一种表达和交流形式，严谨、正确地转化为另一种表达和交流形式；能够将较为复杂的历史知识或历史现象简化、分解为简单的论述；能够以自己的方式对史事进行阐释。如：

（1）尝试画出 1870—1956 年中国民族资本主义经济形势的发展趋势。

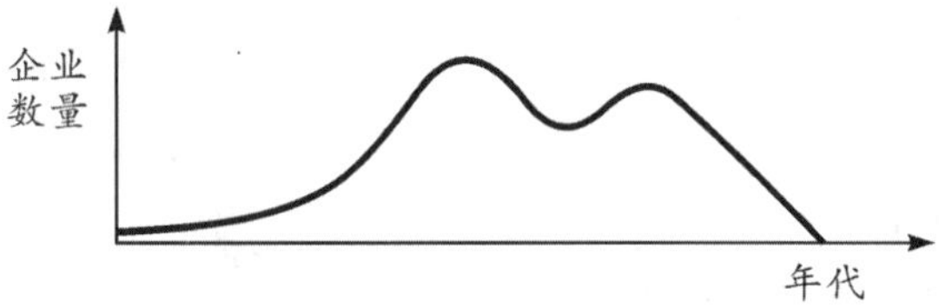

（2）请简述中美关系发展的不同阶段及其特征。

3. 应用

应用目标指的是学生将学过的历史方法和史学理论应用到新的问题的解决中去（比如利用历史概念、历史观点对某一问题进行论述）。最常见，同时也是很典型的案例，就是我们在讲授殖民扩张时对其影响和意义的讨论：课堂上，教师向学生解释殖民扩张给欧洲带来的影响。其中，最重要的当然是推动了欧洲资本主义经济的发展。为什么呢？教师在告诉学生答案的同时，还要告诉学生解题的方法和思路。因为资本主义经济的发展需要资金、市场、原料和政策的支持。欧洲列强通过殖民扩张，掠夺了殖民地的黄金、原料，这就为本国商业规模的扩大提供了物质保障。而殖民地的开拓，又可以为欧洲国家提供商品的倾销地。那么，教师再问学生，殖民扩张给殖民地带来了什么影响，学生当然会顺着老师的思路，以同样的逻辑来对这一问题进行回答：殖民地人口被强制迁徙到欧洲，本地劳动力丧失，不利于工业发展，市场进一步萎缩。而殖民地的金银资源和生产原料被大量攫取，又进一步限制了本地区生产规模的扩大，可以说给殖民地带来了沉重的灾难。

4. 分析

分析目标指的是学生能够将历史学科大概念或历史事件分解为不同的因果线索和组成部分，并厘清不同历史要素之间的关系，弄清各种历史概念的不同层次。对将不同历史要素组合起来的历史结构展开相对深入的分析。如：

下图为17—20世纪初西班牙、荷兰、英国和美国（自殖民时代起）的人均国内生产总值变化示意图。其中①②③④分别是（　　）

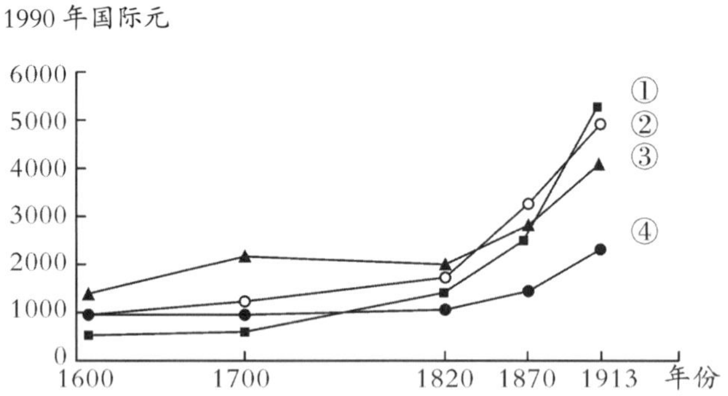

A. 西班牙　美国　英国　荷兰　　B. 美国　英国　荷兰　西班牙

C. 英国　美国　荷兰　西班牙　　D. 美国　英国　西班牙　荷兰

学生在解答这一历史题时，需要首先将四条曲线条分缕析，逐一观察变化趋势和走向。其次，学生还需要将不同曲线结合特定的时间节点进行两两对比，从而得出最终判断。具体来说，当学生看到③号曲线在整个17世纪中处于四条曲线的最高位，马上就会结合该时段“海上马车夫”的重要史实，判断该曲线代表着荷兰。②号线在19世纪中后期超过了荷兰，成为四个国家中生产总值最高的国家，这背后实际隐含着第一次工业革命完成，给英国经济带来的助力，以及日不落帝国的逐渐形成。①号线在19世纪末开始超越英国，并在20世纪差距逐渐拉大。学生结合时段特征，显然会想到，这是第二次工业革命在美国率先发生的结果。

5. 综合

将各种不同的历史要素结构化、条理化、组织化，厘清历史研究的基本步骤和历史解题的基本方法，推导出一套史料整合的原则。这一层次中，最常见的就是我们在日常教学过程中所说的“小论文题”。我们举例来谈，题干是这样的：

请以“传统与现代的较量”为视角，结合史实，对“鸦片战争是中国近代化的开端”这一观点进行探讨。（说明：可以对该观点进行肯定、否

定或提出修改意见，并阐述理由。要求观点明确，史论结合，史实准确，符合逻辑）

假设学生对“鸦片战争是中国近代化的开端”这一观点表示肯定，那学生要做的便是将自己知识框架中已有的知识碎片或孤立的历史事件进行整合，使其以观点为中心不断地结构化、条理化，从而达到有效论证的目标。具体来说，学生在脑海中首先可以构建三个主要论证的方向：经济、思想和外交。此后，学生顺着三个方向，依次检索所学，填充认知。在经济方面，鸦片战争后自然经济开始解体，外国资本主义企业不断出现，通商口岸城市逐渐发展，这些都为中国近代民族工业的产生奠定了有利条件；在思想方面，鸦片战争失败后，部分先进的知识分子开始意识到西方的强大，渐次萌生了向西方学习的新思潮，推动中国迈出了“开眼看世界”和“师夷长技”的第一步；在外交方面，鸦片战争失败后，传统的“华夷秩序”和“天朝上国”的威严受到强烈冲击，中国被迫卷入资本主义世界市场，条约观念成为外交中不容忽视的重要内容。

6. 评价

评价目标要求学生能够判断历史观点、历史方法、试题答案的正误，对史料来源、史料价值和史料真伪作出判断。我们以一个材料题为例，对此进行详述，题干如下：

材料一：太宗命（尉迟）敬德侍卫高祖（李渊）。敬德擐甲持矛，直至高祖所。高祖大惊，问曰：“今日作乱是谁？卿来此何也？”对曰：“秦王（李世民）以太子（兄李建成）、齐王（弟李元吉）作乱，举兵诛之，恐陛下惊动，遣臣来宿卫。”高祖意乃安。

——五代后晋刘昫《旧唐书·尉迟敬德传》

材料二：问大唐天子太宗皇帝……为甚（杀兄）弟于前殿，囚慈父于后宫？……（太宗）闷闷不已，如杵中心……争答不得。

——1908年出土文献敦煌文书中武则天时期的俗讲话本《唐太宗入冥记》

辨析上文所引史料，分别指出两则文献史料的史料价值及其局限性。

学生经过对材料来源出处的仔细分析，可以得出明确的判断。材料一无疑是二手史料。因为《旧唐书》的成书时间在唐代以后。但优势在于，该书的成书时间与唐代间隔并不遥远，一方面保留了大量丰富的史料资源，一方面代表了后世的官方评价，因而具有较强的权威性。官方修史同样是该书的劣势，政治立场太强就势必走向客观性的匮乏。材料二源自《唐太宗入冥记》，体现了当时的一种民间舆论。以当时人写当时事，相对于《旧唐书》提供了新的研究视角。局限在于民间文学有虚构的成分，很难从中提取准确的有效信息。

为什么这一目标分类方法会被广泛应用于深度学习的评价之中呢？一方面，布鲁姆的这一方法确实在教学评价领域产生了深刻的影响。另一方面，深度学习在字面上强调了学习程度的分割、比较，而这与布鲁姆的“分类”在内涵上有极大的共性，但这同样也是布鲁姆最初版教育目标分类存在的巨大缺陷。对此，学界已经有了大量的讨论。其中最关键的在于两个部分：其一，所谓的目标分类其实是沿着线性发展累积的逻辑展开的，这既忽略了学生学习发展的渐进式过程，又无视了学生学习过程中多层次学习行为的共同发生。须知，深度学习与浅层学习虽然有程度上的区分，但并非完全不相干的两个独立阶段，二者往往是共存的。其二，目标分类都是以测量结果作为指南的，不但无法对教学进行直观的改进、引导，且学生情感态度的塑造、能力的培养往往都很难被直接呈现。

2001 年，安德森等学者对布鲁姆的目标分类进行了修改与完善。他将教育目标重新划分为“知识”和“认知过程”两个维度。其中，知识维度囊括了事实性知识、概念性知识、程序性知识、元认知等四个方面。而认知过程维度则涵盖了记忆、理解、应用、分析、评价和创造等六个方面。为了方便理解，我们可以用高中历史知识对每个分类项开展进一步的分析。

表 5-2-1　知识维度的主要类别与子类

知识类别与子类	历史学科示例
A 事实性知识——学生在掌握一门知识或解决某一问题所必须知道的基本要素	

（续表）

知识类别与子类	历史学科示例
Aa 术语知识	鸦片战争、北洋军阀、东南互保
Ab 具体细节和要素知识	历史常识
B 概念性知识——某一整体结构中发挥作用的各基本要素之间的关系	
Ba 类别与分类知识	资本主义世界市场形成阶段
Bb 原理与概括性知识	以工代赈
Bc 理论、模型与结构知识	中国近代经济结构
C 程序性知识——做事方法；探究路径；运用技能的准则；技巧和算法标准	
Ca 具体学科的技能和算法知识	搜集史料
Cb 具体学科的技术和方法知识	整理、归纳和解读史料的技巧
Cc 决定何时运用适当程度的标准知识	根据研究对象判定史料价值，选择合适史料
D 反省认知知识（元认知知识）——一般认知知识和自我认知知识	
Da 策略性知识	把理解性记忆大事年表作为掌握教材史事基本线索和脉络的重要手段
Db 囊括情境性和条件性知识在内的关于认知任务的知识	特定历史时空下的阶段性特征；在从不同角度研究史事时会得出不同的结论
Dc 自我的知识	知道收集和整理史料是自己的长处，解读史料是自己的短处

表 5-2-2　认知过程维度的主要类别与子类

认知过程类别及其子类	历史学科示例
1. 记忆——从长时记忆系统中提取有关信息	
1.1 再认	再认“光荣革命”的重要日期
1.2 回忆	回忆“光荣革命”的重要日期
2. 理解——从口头、书面和图画传播的教学信息中建构意义	
2.1 解释	解释东汉画像砖所反映的历史信息
2.2 举例	找到日本侵华的重要例证
2.3 分类	对两次工业革命的成果进行分类

（续表）

认知过程类别及其子类	历史学科示例
2.4 总结	对中国古代专制主义中央集权的演变趋势进行概述总结
2.5 推论	根据小农经济的特点推断出中国古代国内市场的狭小
2.6 比较	比较英国和德国君主立宪制之间的异同
2.7 说明	解释洋务运动失败的原因
3. 运用——在给定的情景中执行或使用某程序	
3.1 执行	运用“冲击—反应”学说解释中国近代化动力
3.2 实施	利用“长编考异”的研究方法独立探索，并解决历史问题
4. 分析——把材料分解为它的组成部分并确定部分如何联系以形成总体结构	
4.1 区分	区分启蒙运动中几位思想家的不同主张
4.2 组织	整合历史知识论证历史观点
4.3 归属	由康有为的基本主张推断《孔子改制考》的根本目的
5. 评价——依据标准作出判断	
5.1 核查	对照古典文献核查《新学伪经考》的正确性
5.2 评判	根据史事判断辛亥革命是成功的还是失败的
6. 创造——将要素加以组合以形成一致整体，将要素重新组织成为新的模式或结构	
6.1 产生	按照第一次工业革命涉及的主要领域，重工业在 18 世纪的英国并不发达
6.2 计划	以“传统与现代”为主题设计一篇研究中国近代史的论文
6.3 建构	提出一种新的历史解释框架

安德森等学者于 2001 年提出的修订版教育目标分类，克服了布鲁姆最初版本的绝大部分弊端，与深度学习这一主题更加契合。在知识维度的目标分类中，“事实性知识”只能归于浅层学习，因为它只是简单的历史知识碎片和历史术语的识记；而在“理论、模型与结构知识”维度中，学生需要将碎片化的历史元素抽象归纳为史事结构，这正是深度学习所要求学生具备的能力之一；“程序性知识”的掌握更是反映出解决真实问题的能力的培养，而对“反省认知知识”的强调，则突显出这一目标分类对怀

疑态度和批判性思维的关注，这些都与深度学习的要求不谋而合。另一方面，在认知过程维度中，修订版分类目标与旧版相比增加了“创造”阶段。在此阶段里，学生需要将自己掌握的历史要素加以组合从而形成对史事的整体认识，或将孤立的历史事件重新组织成为新的历史解释框架。这不仅反映出深度学习所强调的能力迁移和主动学习、自主学习的表现，更反映出深度学习所谓的高阶思维活动特质。

但这一评价同样存在绕不开的短板。首先，深度学习虽然表面上反映的是学生学习程度的深入，但实质上折射出了一个人综合素质与核心素养的精进。因为学习从来就不是识记、理解、分析、运用等单一维度的事。安德森的教育目标分类虽然在布鲁姆的基础上作出了较大改善，但他依旧将认知过程划分为了六个维度，这六个维度背后的联系是什么？如何以一套逻辑框架将这六大维度统摄于学生这一学习主体？这些问题，并没有得到很好的解决。我们可以说，安德森只是将学习过程的外在行为进行了分割，却并未触及不同行为背后整体的内驱动力。有学者将其描述为“对‘全人’的肆意分割”。其次，深度学习除了对学习程度的强调外，还十分关注学习状态和学习过程，它要求学生以主动、积极的状态开展学习活动，在认知的过程中要时刻报以反思、怀疑的态度。这些反映学习品质的重要内容，在安德森的修订版目标分类体系中都没有得到很好的体现。

综上所述，基于布鲁姆的教育目标分类学说，并不能很好地适应深度学习的评价。

二、SOLO 分类法

提到 SOLO 分类法，我们不得不从皮亚杰开始谈起。皮亚杰所创立的儿童认知发展阶段将学生的学习划分为四个层次：感知运动阶段（Sensorimotor Stage）、前运算阶段（Preoperational Stage）、具体运算阶段（Concrete Operations Stage）以及形式运算阶段（Formal Operations Stage）。

表 5-2-3　皮亚杰所创立的儿童认知发展阶段

阶段	大致年龄	特征	历史范例
感知运动阶段	0—2 岁	从先天的遗传性条件反射，逐渐演化出应付外部环境刺激的能力	无
前运算阶段	2—7 岁	感觉运动内化为表象，能够使用语言等符号（以自我为中心），但思维仍然受到表象感觉的限制，逻辑和认识不全面	能够运用语句或词汇描述看到的汉代画像砖形态
具体运算阶段	7—11 岁	推理逻辑能力初步发展，能够根据具体经验解决问题，此时的思维具有守恒性、脱自我中心性和可逆性	能够通过语言交流和知识获取，弄清汉代画像砖所描述的场景内容
形式运算阶段	11—15 岁	思维走向抽象，能够运用假设—演绎的逻辑进行推理，能够合理的总结归纳，形成特定的运算结构形式	能够推理出汉代画像砖背后反映出的历史背景、历史现象，形成解读史事的模式

该理论一经提出，便在学界引起了巨大反响。诸多学者在具体教学实践中发现了这一理论的两大局限：其一，学生的认知发展并不总是沿着这四个阶段递进的。例如，学生在学习新航路开辟这一知识点后，经过老师的引导，显然已经懂得从积极和消极两个方面，欧洲、亚洲、非洲等不同的地理空间，政治、经济、文化等不同的领域，对某一历史事件展开评价。在评价其他史事时，学生同样会运用这一评价框架。这正是按照“形式运算阶段”进行的推论。但事实真的如此吗？按照这一思路，学生同样无法正确地评价此后的工业革命这一知识点。为什么？因为学生首先要弄懂基本史实，才能以此为抓手展开评价。也就是说，在跨度比较大的两个领域之间，学生在进行下一次“形式运算”时，极有可能得先倒回“前运算阶段”，重新来过。其二，认知发展理论在不同学科领域的适用性是截然不同的。例如，学生在掌握勾股定理后，他完全可以将此定理套用到任何不同的数据之中，甚至可以推到出运算结果的错误；学生在掌握加速度公式后，完全可以在给定的任意条件下套用公式得出答案。可具体到人文学科而言，学生知道自秦始皇开始中国古代历经了漫长的君权与相权之

争，就一定可以推导出清代也有相权吗？学生知道李白是浪漫主义的代表诗人就一定能够推断出李白从未用过白描手法吗？这些问题的答案显然都是有待商榷的。

在此基础上，比格斯（J.Biggs）提出了 SOLO 分类法（Structure of the Observed Learning Outcome）。这是对皮亚杰儿童认知理论的发展，克服了皮亚杰相关学说中的顺序演进、全科共通和不可测量等问题，是一种质性的评价方法。当然，所谓的质性无非是相对的，质变以量变为前提。它摆脱了传统教学评价（特别是文科）对于数量的过度强调，转而注重学生解决问题时所展现出的思维结构层次。根据学生思维发展程度，比格斯划将其划分为五个层次：前结构、单一结构、多元结构、关联结构和抽象拓展结构。前三项为量变阶段，处于浅层学习；后两项为质变的发生，是深度学习。

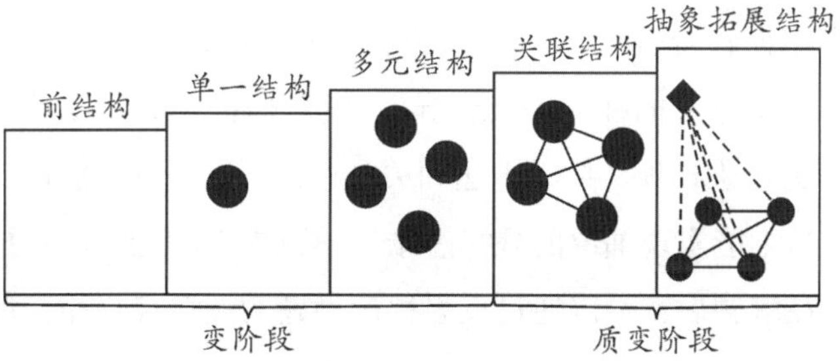

图 5-2-1 SOLO 分类层次模型

五大层次应当如何理解呢？我们不妨以一道 2021 年广东卷的高考选择题为例进行解读。题目具体描述如下：

在明代，庶民袖小衣短，“去地五寸”；生员袖大衣长，“去地一寸”，体现斯文之气，且其服饰颜色和制式内含“比德于玉”“规言矩行”等意。这反映了当时

A. 儒家思想规范社会生活　　B. 科举制度限制社会流动

C. 社会等级结构日益固化　　D. 市民文化突破礼制限定

在前结构认知层次中，学生无法理解问题，也不能运用所学知识对

问题进行分析和解决，学生在答题时只能以猜的形式碰运气，毫无理由和判断依据。在单一认知层次中，学生单凭一个知识点就武断地下结论，其答案往往是片面甚至错误的。比如，有的学生仅凭题干中“庶民”和“生员”所穿的服制不同，就认定社会等级结构固化了，直接选择 C，却完全没有考虑到题干只是描述了一个静态历史现象，不同社会阶层间的流动性如何是题目未曾提及的。在多元认知层次中，学生能够凭借自己的知识储备，得出许多孤立的判断，并均能找到证据来证明自己的论断，只不过无法建立多种判断之间的联系。比如，有的学生选择了 B 选项，理由有二：一是不同社会阶层的服制存在严格区别，二是题干指出了一个特殊的身份——“生员”。他却没有联想到，如果 B 是正确的，那么 C 也正确，因为 C 是 B 产生的影响。况且，联系史实方可得知，与前代选官制度相比，科举制实际上推动了社会流动。在关联认知层次中，学生能够综合多方面因素，结合多个角度、多种思路，把题目解出来：题干中不同阶层的群体服制大相径庭可以轻易排除 D 选项；B 和 C 两项如前所述亦可排除；因为服饰体现了鲜明的社会等级差异，且蕴含着“德”“规矩”等儒家思想，所以 A 为正确选项。但学生达到关联认知层次时仅仅能用知识来解决历史问题，尚不能实现抽象的规律总结和学科素养的迁移。在抽象拓展层次中，学生在解题后，可以通过反思得出做题的技巧和规律，深刻体会到“有一分史料，说一分话”，不能过度诠释和猜疑，注重从语句中提取关键信息，把握段落重点。

比格斯的 SOLO 分类法之于深度学习的评价有何意义呢？笔者认为，该理论的主要优势在如下几点：其一，是指向学习过程的结果分析，具有可测量性。皮亚杰的认知发展阶段学说当然具有极高的学术价值和理论意义，但在实际操作中因不同阶段、不同学科互有交叉，而不具备可测量性。SOLO 分类法是立足学生解决单一问题的结果来反推其所处的思维认知结构层次的。一方面，问题解决的结果是有可测量性的。另一方面，因问题的解决往往需要运用跨学科知识和多层次认知，故而可以较好地反映学生的学业水平。其二，可以从整体的角度有效衡量学生的学习思维和认知程度。我们由此前的图 5-2-1 不难看出，前结构、单一结构和多元结构，是知识碎片的数量累计，学生无法构建不同知识点之间的联系，这显然是典型的浅层记忆。而关联结构中，学生可以整合不同知识点，建立起相对抽象的知识框架，通过综合分析解决学科问题，这显然已经是对深度学习部分特征的描述。在抽象拓展结构中，学生通过历史学习掌握的技巧和思维方式不仅带动了语文、思想政治等其他人文学科问题的解决，也能迁移到日后公文写作、材料整理归档等社会行政岗位技能中，这即是深度学习所谓的能力、价值的迁移。不难看出，这样的评价分析方法与布鲁姆的教育目标分类明显不同，他并未将学习认知过程肢解为一个个单一的测量要素，而是在测量作为一个整体行为的学习过程。

那么，在依托 SOLO 分类法进行评价时，有哪些注意事项呢？在评价的实施过程中，教师应以学习目标作为主要依据，通过广泛观察、深入调查、精心测量和及时反思等多种手段，尽可能全面地对学习数据进行采集、整理、归纳和分析，最终对学习成效进行评定。切忌以单一的指标进行孤立、片面的论断，这是由深度学习过程的复杂性和历史学科本身的综合性所决定的。

一方面，深度学习要求学习者摆脱以机械记忆为特征的浅层学习，对新知进行批判性的认识，不断重组、完善既有认知结构，是一种高阶思维活动。它已不单单是知识、能力与价值中某一侧面的进步，而是随着学习程度的深入，学生思维认知结构的整体推进。另一方面，历史学是一门在史观指导下客观地阐释人类历史进程及其规律的学科，学生要通过学习“形成历史学科核心素养，得到全面发展、个性发展和持续发展”。这是一个抽象的表述。具体来说，学生需要在唯物史观、史料实证、历史解释、时空观念和家国情怀五个方面下功夫，使学科核心素养产生迁移性价值和发展性影响。

这些特殊性都对我们的评价提出了新的要求，应据此对评价的过程与方法进行适当优化。

第三节 大概念统领下的高中历史深度学习评价工具

在对评价方法和评价标准较为细致的讨论后，我们亟须构建一种评价工具，来对高中历史深度学习进行评价。在以SOLO分类法为基础对深度学习进行评价时，我们必须注意这一评价分类的短板，并在此基础上加以补足。SOLO分类法作为一套基础评价模式，具有极强的普适性，而这一优点恰恰就决定了不同学科特性在此间的失语，使评价失去了方向。通俗来讲，SOLO分类法能够帮助我们评价学生的学习程度有多深，却并未言明高中历史学习具体要往哪些方面“深”。新修订的课程标准中对课程目标给出了详细的规定，亦即历史学科核心素养的深度落实。因之，我们需要将历史学科核心素养的评价标准，更好地融入到SOLO分类法中。为此，笔者尝试建立了一个评价量规表。

表5-3-1 基于SOLO分类法的高中历史深度学习评价量规表

SOLO分类法的结构	唯物史观	史料实证	历史解释	时空观念	家国情怀	得分
前结构	不了解唯物史观的基本内容，无法将其应用于解决具体历史问题	不能分清史料类型，不能掌握史料搜集的方法，无法用史料进行实证探究	无法区分历史叙述中的史实与解释，不能对历史解释进行价值判断，不能对史事加以客观解释	无法厘清史事与特定时空间的联系，也无法在历史时空框架下对事件进行解读与考察	无法树立正确的历史观、民族观、国家观，没有形成完整的民族自信心和自豪感	1

（续表）

SOLO分类法的结构	唯物史观	史料实证	历史解释	时空观念	家国情怀	得分
单一结构	只能了解并使用唯物史观的单一观点，掌握单一的分析法	能够辨识单一类型的史料，掌握单一的史料搜集方法，有基本的史料实证精神	可以区分历史叙述中的史实与解释，能够对史事提出单一的解释，通过观察历史表象可以发现单一的历史问题	能建立史事与单一时空的固定联系，知道划分时空的单一方式，只能在单一时空框架下对史事进行解释	能够通过了解单一文化传统、英雄人物或民族习俗的发展历程，树立正确的价值观念	2
多元结构	能够理解并掌握唯物史观的多种观点和研究方法，用于解决单一的历史问题	能够通过多种方法和渠道，搜集不同类型的史料，从不同的角度对同一历史问题和历史现象进行考证	可以区分历史叙述中的史实与解释，能对同一史事提出不同的解释，通过观察历史表象可以发现大量孤立的历史问题	能建立史事与不同时空间的联系，知道划分时空的多种方式，能在众多时空框架下对史事进行解释，但彼此之间无关联	能够通过了解不同历史时期、不同地域的多种文化传统、英雄人物或民族习俗的发展历程，丰富和完善自身的价值观念	3
关联结构	能够了解唯物史观的大部分观点和方法，用以解决诸多历史问题；也能够通过不同史事间的对比，总结出人类历史发展的总趋势	能够综合利用多种类型的史料，相互考证，辨章考据，去伪存真，进而提出自己的历史认识	正确区分历史叙述中的史实与解释，能对不同历史解释加以辨析和价值判断；能够客观地对不同历史事物之间的因果关系作出解释	能以多种方式划分时空，且在不同时空框架下解释史事，按时空要素建构不同历史事件、历史人物和历史现象之间的相互关联	了解中国各个历史时期、不同地域间文明的发展成就，并强化与世界各地、各民族的比较，从而坚定社会主义道路，增强“四个自信”	4

（续表）

SOLO分类法的结构	唯物史观	史料实证	历史解释	时空观念	家国情怀	得分
抽象拓展结构	能够了解唯物史观的基本观点和方法，用以解决众多历史问题；能够通过不同史事间的对比，正确认识人类历史发展的总趋势；能将唯物史观作为认识和解决现实问题的指导思想，发挥迁移作用	能够综合利用不同类型的史料，辨章考据，去伪存真；能够通过不同史料间的相互考证，提出自己的历史认识；能够将实证精神用于对待现实问题和跨学科问题	正确区分历史叙述中的史实与解释，能对不同历史解释加以辨析和价值判断；能够客观地对不同历史事物之间的因果关系作出解释；学会以客观的精神评判现实社会生活中的问题	能以多种方式划分时空，且在不同时空框架下解释史事，按时空要素建构历史事件、历史人物和历史现象之间的相互关联；在解决社会现实问题时，能够以历史的思维将对象置于具体的时空条件下进行考察	了解中国各个历史时期、不同地域间文明发展的成就，并与世界各地、各民族进行比较，从而坚定社会主义道路，增强“四个自信”；由历史照进现实，树立积极的人生态度，健全人格，形成正确三观	5

若我们将学生的深度学习总得分假设为 S_1，那么 $5 \leqq S_1 \leqq 25$。因为SOLO 分类法前三个层次指向的是基于数量累积的浅层学习，如此，学生高中历史学习由浅层走向深度的整体分界线理论上应当是 $S_1=15$。但在实际教学过程中，学生在核心素养的五个方面着力不一，往往会导致素养发展进度的差异，因此学习程度的实际分界值应该小于 15。到底应取何值呢？假设学生的五大核心素养中大部分（五分之三及以上）都处在深度落实阶段，那么我们完全可以说深度学习正在发生，亦即 S_1 在此情况下的最小值应当是 $3 \times 4+2 \times 1=14$。因此，若要判定学生在高中历史学习中处于深度学习状态，须满足 $14 \leqq S_1 \leqq 25$。

此外，以往学界在研究 SOLO 学习评价模式时并未将学习方法的使用程度融入到评价体系中去，这使得评价的效果大打折扣。因为评价是基于表现性结果得来的，而结果的改变往往需要方法的调试。具体到高中历史学科而言，学生要进行深度学习，首先要经过浅层学习的阶段，即对知识的机械性记忆和浅表性理解。其次，本文中大概念的使用是学生通往深度学习的重要路径。大概念作为一种教学和学习的路径，是横亘在传统教学与深度教学、浅层学习与深度学习之间的关键中介。若教师不对学习的路径或方法进行评价，仅仅以学习成果来讨论“深”和“浅”，难免本末倒置。因为方法路径对了，学习走向深度不过是顺理成章的事。我们可以尝试做一个相对简单的大概念使用评价量规表。

表 5-3-2　高中历史大概念使用评价量规表

角色	过程	1	2	3	得分
教师	选择大概念	无法准确提炼出大概念	能够结合自身知识提炼出大概念，但未能结合课标要求，也未能充分考虑到学情	结合课标要求、学生身心特点、自身知识储备与教材内容，合理地选择大概念	
	解释大概念	教师无法清晰地向学生解释大概念的内涵以及外沿	教师可以向学生解释大概念的基本内涵，却没有向学生解释概念的哲学外沿与提炼路径	教师向学生清晰地解释了大概念的学科内涵、哲学外沿与提炼路径	
	引导使用大概念	教师无法引导学生使用大概念进行历史学习	教师引导学生使用特定大概念解决某一课时或单元中的特定历史问题，未能引导学生将其转化为可迁移的方法与手段	教师在引导学生使用学科大概念解决特定历史问题的同时，引导学生以大概念为抓手解决其他历史问题和跨学科问题	
学生	理解大概念	学生无法理解大概念的内涵与外沿	学生可以理解大概念的学科基本内涵，却无法理解概念的哲学外沿与提炼路径	学生可以理解大概念的学科基本内涵、哲学外沿与提炼路径	
	自主运用大概念	学生无法自主运用大概念解决实际问题	学生可以运用大概念解决历史学科问题，却无法迁移到跨学科领域和社会现实问题	学生可以自主运用大概念的方法解决历史问题、跨学科问题和社会现实问题	

我们将大概念的使用评价得分假设为 S_2，那么 $5 \leqq S_2 \leqq 15$。此处可

以设计一个相对简短的函数：$Y=\frac{S_1}{S_2}$。当 14 ≦ S_1 ≦ 25 时，Y 的值越大表明学生利用大概念进行高中历史深度学习的效率越高，反之，则大概念的方法不适用于推进深度学习。当 5 ≦ S_1<14 时，Y 的值越大表明作为方法的大概念有效率越低，反之，则表明学生并未进行任何有效的学习活动，没有深度参与到课堂教学中去。

本文从高中历史教学的角度对历史学科核心素养的五个层面进行了评价标准的探究，对学界当前的部分观点提出了保留意见。通过两个较为细致的量规表，笔者尝试构建了大概念教学这一重要路径与历史学科核心素养这一教学目标之间的关联。这一评价方式虽仍有诸多可供完善之处，但兼顾到了过程、结果与方法，具有一定的可复制性和参考性。

第六章

指向深度学习的高中历史大概念教学案例

案例1：古代文明的产生和发展

当今社会迎来了经济结构、生活方式的重大变革，步入了转型时期，这意味着只懂得理论知识的人将来一定不是社会迫切需要的人才，社会需要的是受过思维训练，会思考、会分析、会解决问题的人才。可见，教育教学唯有实现核心素养教育目标，才能引领时代风向标，得到更持续的发展。然而，高中历史教学如何让学生的素养能力得到发展与提升呢？笔者基于深度学习下大概念单元教学给出了答案，为高中历史学科核心素养的完美"落地"提供了实现路径，促使课堂教学从"教"向"学"发生转移，为学生核心素养的形成助力。

一、深度学习视角下高中历史大概念单元教学设计原则

只有遵循一定教学原则的教学活动，才会在目标导向下，有效地完成教学目标。想要实现有效教学，也必须遵循相应的教学原则，具体内容如下：

1. 科学性原则

高中历史作为蕴含了大量爱国情怀、文化素养、时空观念等素材的基础学科，具有得天独厚的育人价值，对学生全面发展的重要性不言而喻。因此，在进行教学设计时，必须遵循和坚持科学性原则，体现出历史学科本身的特点和价值。首先，要以新课标为导向。深入领悟和理解新课改的精神和理论，对教材的改编思路和结构进行深入的钻研和把握，只有这样才能对高中历史教学目标进行准确定位，将历史学科的价值和作用充分展现出来。其次，要结合历史学科的特点。相比其他学科，历史学科具有非常显著的严谨性和真实性，所以教师在设计教学内容时，必须实事求是，不能为了达到教学目标而去胡编乱造不存在的历史事件。除此之外，对待历史事件和历史人物，要秉持客观的态度，不能掺杂个人情感对史实进行评价，只有这样才能向学生传递正确的价值观和世界观。最后，教学设计要合理。教学内容不仅要与历史逻辑相符合，还要与学生的认识逻辑、知

识逻辑等相符合，以此才能让学生更高效地学习。

2. 理论联系实际原则

核心素养培养的本质目标，就是让学生能够做到理论联系实际，灵活地运用所学的知识解决实际问题。所以，在进行深度学习视角下高中历史大概念单元教学设计时，也必须遵循理论联系实际的原则，围绕高中历史知识的相关大概念并结合教学的重难点，将一些抽象内容与生活实际联系在一起，以此将课本上的知识传递给学生，促使学生能够对历史大概念知识进行有效的内化，构建出自己的知识框架体系，从而运用历史的眼光去分析实际问题。除此之外，深度学习视角下高中历史大概念单元教学还必须结合学生的实际学习水平，通过学生感兴趣的话题或者生活事件，逐渐延伸到大概念上，促使学生对其有更加深入的把握。可见，遵循理论联系实际原则，不仅能够帮助学生实现知识内化，还能让学生将理论用于实际问题，做到真正的“外化于行”。

二、深度学习视角下高中历史大概念单元教学设计步骤和方法

笔者将围绕教学设计的主要步骤并结合深度学习、大概念、单元教学的特点，重点探究深度学习视角下高中历史大概念单元教学设计步骤和方法，以此促进教学顺利完成。

1. 整合历史教学单元，明确主题目标

经过教材改版之后，统编版高中历史教学内容以单元为中心成为教学过程的主线。因此，教师必须对教材进行深度钻研，弄清单元的主要目标，确定合理的单元主题，并将主题贯彻于整个教学过程，以此对教学内容和教学材料进行充分的整合和重组，促使学生能够在单元主题的教学模式下，对历史知识之间的联系以及历史事件的发展脉络有准确的把握。

例如，在进行《中外历史纲要（下）》中《古代文明的产生与发展》这一单元教学时，教师就可以围绕大概念对单元主题进行整合，让学生在掌握该单元历史知识的同时，把握历史的发展规律。通过对单元导语的分析，我们可以总结出教材的逻辑关系，在此基础上提炼出本单元的关键问题和教学重点。这一单元在导语部分概述了文明产生的前提、区域、特点、发展和影响，这些内容分布在本单元的五个子目中。我们可以把“文

明”这一大概念提炼出来，将“探索文明”作为本单元教学的主线，将教学内容构建为文明产生的前提、区域、特点、发展和影响这五个环节进行单元教学。通过这样的方式将这一单元的教学内容串联起来，不仅能够实现知识的迁移，让学生能够对历史知识有整体的把握，还能帮助学生理清历史的规律和脉络，从而培养学生的历史核心素养。

确定了单元主题之后，要明确主题的教学目标，这一主题的教学目标可以设置为：①在描述早期文明产生的过程基础之上，认识生产力的发展是文明产生的根本原因；②在概括各个区域早期文明发展具体表现的同时，认识到地理环境对于文明产生、发展具有重要影响；③通过探讨各个区域文明产生的不同原因及各自的特点，感悟人类文明的多元性；④从帝国的兴衰存亡中，体会为国家富强而奋斗的民族责任感，认识到和平交流是人类文明交流永恒的追求和主旋律。这样的大概念提炼有利于培养学生学习历史的逻辑思维能力，以此达到培育学科核心素养的目标。

2. 关注学生实际学情，促进学生深度学习

学情就是指学生的实际情况，不单单是指学生掌握知识的情况，还包括学生的接受状况、心理情况等等。高中生已经有了初中三年的历史学习经验，相比初中阶段，他们对历史知识不再陌生，并且掌握了一定程度的历史知识。但是由于学生个体的差异化，可能有些学生对历史的认识是错误的或者会有些混淆。这时就更需要高中历史教师对其进行准确的引导和纠正，让学生对历史知识进行深度学习，有利于学生正确地分析、解释历史问题。因此，在高中阶段，教师不能采用传统的单一知识点的讲授，而是要通过单元教学，让学生对历史知识有整体的把握。

例如，在讲授《中外历史纲要（下）》第一单元《古代文明的产生与发展》中的“文明产生的前提”这一问题时，我们可以做如下的教学设计：

教师设问：文明产生的标志是什么呢？（出示材料）

材料一：对于最初人类文明出现的判断标准，主要是国家制度的确立，文字、文献的形成，冶金业及制作金属工具的普及，城市建筑的设置等四个方面。

——陈明远《质疑四大文明古国》

材料二：人类学者指出了将文明与新石器时代的部落文化区别开来的一些特征。这些特征包括：城市中心、有制度确立的国家的政治权利、纳贡或税收、文字、社会分为阶级或等级、巨大的建筑物、各种专门的艺术和科学等。并非所有文明都具备这些特征，但是这一组特征在确定世界上不同地域、不同时期的文明性质时，可以用作一般的指南。

——［美］斯塔夫里阿诺斯《全球通史：从史前史到21世纪》

师：判断文明出现的标准有哪些呢？

生：城市、国家、文字等。

师：什么是国家呢？

生：国家是阶级斗争的产物（以往政治课内容）。

师：因此阶级的产生、国家的形成和文字的出现是文明产生的基本标志。

教师继续设问：文明产生的前提又是什么呢？（出示材料）

材料三：种植植物能养活的人口要比采集食物所能养活的人口多得多。……农业生产率增长使食物有了剩余，能够供养新产生的祭司阶级、士兵和吏。……文字就是祭司们出于记事的需要而做出的一大发明。

——［美］斯塔夫里阿诺斯《全球通史：1500年以前的世界》

师：请同学们根据材料三并结合教科书，分析农业和畜牧业的发展是如何促进人类文明产生的。

生（思考、讨论后总结回答）：定居生活—农业、手工业、商业—劳动生产率提高—剩余产品产生—私有制产生—阶级出现—国家形成、文字出现—文明产生。

师：从这一过程我们会发现，农业的发展对于文明的产生具有至关重要的意义。

设计意图：教师合理利用教材资源和现有史料，通过史料实证的过程，让学生理解“农耕畜牧业的发展”与“文明的产生”之间的逻辑关系，分析古代文明的特点并总结出古代各区域文明产生的共性。

3. 调整课堂教学方式，发挥学生的主观能动性

自新课改以来，课堂的主体地位发生了明显变化。对于高中历史课堂教学而言，教师为主体的教学形式早已被打破，只有坚持以学生为主体的教学方式，才能促使教学高效地进行。因此，教师除了要将单元教学内容有效地整合在一起，还要让学生积极主动地参与到课堂学习和探究的过程中，促使学生在深度学习的方式下，充分地发挥出自身的思维灵活性和创造性。

例如，在讲授《中外历史纲要（下）》第一单元《古代文明的产生与发展》中的“文明的影响——历史与现实之思”这一问题时，我们可以做如下的教学设计：

师：古为今用，以史为鉴。我们现在学习历史也是为了更好地为现实服务，从对历史的反思中汲取智慧。（出示材料）

材料一：昔日的亚历山大帝国版图。（略）

材料二：今日的马其顿共和国版图。（略）

师：今天的马其顿共和国位于巴尔干半岛南部内陆，国土面积只有2.6万平方公里，人口只有200万，还没有我国一个地级市大。从收入来看，更是穷困，欧洲大部分都是发达国家，但是马其顿共和国GDP还不到我国的一半，是欧洲最穷的国家之一，今天的马其顿共和国是一个典型的又小又穷的国家。

教师设问：从昔日的超级大国到今日的穷困小国，通过了解亚历山大帝国的兴衰历程，你有哪些感受呢？

学生畅所欲言……

为了进一步发挥学生的主观能动性，我们还可以做如下教学设计：

教师设置任务：从本单元所学的区域文明里选择一个你认为文明程度最高的国家，并且客观地评价不同文明对人类的贡献。

师：提供史料实证的角度，引导学生从作品的创作时间、创作意图，以及表达的内容是否真实、准确等因素来解读图片。

生：各小组选择不同的图片讨论分析，同学间交流学习成果。

师：展示、总结各小组的讨论成果，并设置问题：古代文明扩展的途径有哪些？如何理解战争是传播文明的主要方式之一？（引导学生从战争促进技术和贸易的进步等角度分析作出历史解释。）

生：小组合作讨论文明传播的途径，分析讨论战争是文明传播途径之一的原因及影响。最后整理讨论结果并派代表进行总结性发言。

师：指出学生评价不同文明所采用的评价标准，引导学生认识不同的区域文明对人类社会所起的作用。

4. 及时开展多元评价，进一步发展学生思维能力

新课改明确指出，要及时开展课堂评价并对学生实际学习过程进行客观有效的评价，促使学生在课堂评价反馈下进行针对性的提升和改正，从而提高学生学习的效率和主动性。所以必须重视课堂评价的重要性，及时组织学生进行课堂评价。而且课堂评价的方式和标准也要变化，转变传统教师为主体的评价方式，让学生拥有参与评价的机会，使学生对自己、他人进行评价，以此提高学生的素养能力。评价标准不能只重视结果指标，还要关注过程指标，从课堂表现、参与程度、学习态度等多方面进行评价，以此促进学生的全面发展。

《中外历史纲要（下）》中《古代文明的产生与发展》这一单元教学结束之后，学生已经基本掌握了判断“文明”的标准不是统一的，而是根据特定的历史时间和空间产生不同的文明，也可以较好地理解文明差异性及多样性的特点，对不同的区域文明作出较合理的历史解释。为了更好地检验学生是否准确掌握了本单元的知识内容，教师可以设置以小论文的形式阐释“文明”的概念、内涵及外延这样的开放性问题，让学生基于大概念对本单元学习到的历史知识进行回顾、总结，这个过程不仅能够让学生对已掌握的知识进行再次内化、吸收，实现深度学习，还能对学生的历史思维、历史观念、历史意识等多方面进行考察，促使学生的历史核心素养得到一定的发展。

三、深度学习视角下高中历史大概念单元教学设计注意事项

一是要注重内容整合与课程目标的要求相一致。课程目标指导着课程内容的选择，因此教材内容的整合应努力与课程目标的规定相吻合。课程目标包括认知、技能、情意三大领域，如果内容整合过程中仅仅关注历史知识内容，而忽略更为重要的大概念理论，就容易造成内容整合脱离课程目标，导致核心素养培育的落空。课程目标是按照五大核心素养的类别进行表述的，因此教材内容的整合要与学业标准水平层次相结合，要有利于学生理解并发现历史规律，建构历史学科的知识结构，掌握历史学习的方法。

二是要围绕大概念，精选历史材料进行整合。基础教育课程是为学生的终身发展而服务的，所以在进行深度学习视角下高中历史大概念单元教学时应选择与学科基本概念相关的、最基本的历史学科知识和理论，同时要注重联系学生的学习实际，提高学生对知识进行内化、应用与迁移的能力。首先，内容的选择要保证准确、无误，此时教师可以尝试采取多元的标准来判断所选材料的正确性。其次，教师应把本质的、基础的、有代表性的材料内容纳入大概念单元教学中，通过问题情境设置培养学生独立思考和判断的能力。教师可以使用概念法、问题中心法对单元内容进行整合，整合过程中应突出重点，遵循学科学习的逻辑顺序，按照先整体后局部、先表象后实质的逻辑顺序进行阐述。最后，教师围绕本单元的核心大概念设计子问题，引导学生主动探究、反思历史，总结提炼一般性历史规律，实现学习方法、学习经验的有效迁移。

社会转型对人才的要求越来越高，也就意味着教育教学必须进行创新和转变，高中历史教师要从原本知识的传递者，逐渐向教学内容的研究者转变，准确把握教材单元设计的目的，通过单元教学引导学生进行深度学习，从而掌握历史大概念知识，而不是对碎片化的知识进行强行记忆。为此本文从深度学习视角，对高中历史大概念单元教学设计的原则以及设计步骤和方法进行了深入研究。

案例 2：清朝前中期的鼎盛与危机

历史学科核心素养勾勒出历史学科育人、树人的教育蓝图，而实现这幅蓝图的关键则是课堂教学。《普通高中历史课程标准（2017 年版 2020 年修订）》“建议通过对课程内容的整合，引导学生深度学习，促进学生带着问题意识和证据意识在新情境下对历史进行探索，拓展其历史认识广度和深度”。由此可见，通过整合课程内容来促进学生深度学习，是落实核心素养的重要途径。指向深度学习的历史主题教学是以深度学习理论指导课程内容的整合，构建深度课堂，改变传统课堂中浅表化、碎片化、机械式的学习现状，促进深度学习，促使学科素养在历史课堂中“落地生根”。

一、指向深度学习的历史主题教学内涵

深度学习是指“在内在动力的驱动下，通过批判性的学习和思考，对知识积极主动地进行整合和构建，进而深度理解和把握知识、发展高阶思维、灵活运用知识于各类良构和劣构问题中的学习”。由此我们可以发现深度学习具有以下特征：内在的学习动机、批判性理解、知识的整合构建、高阶思维的培养、知识的迁移应用等。

历史主题教学是“以教学文本整合中生成的核心观念或思想为中心，教师引导学生围绕中心，对重要历史事件的发展变化、重要历史人物的活动进行探究学习，从而掌握历史史实，把握历史发展特征，揭示历史发展规律，形成自己的历史认识，发展历史思维的教学方式”。

而指向深度学习的历史主题教学则是以深度学习理论为指导的主题教学，基于教材内容和课程标准提炼教学主题，围绕教学主题和学生立场拓展材料，创设历史情境，设计具有挑战性的学习任务和有意义的主题升华，激发学生的求知欲和探究欲，引导学生在解决问题的过程中，完成知识的理解与建构，实现知识的迁移和应用，从而实现深度学习，促进学科素养在历史课堂中“落地生根”。

相比传统的历史主题教学，指向深度学习的历史主题教学具有关注学生立场、挑战性学习、高阶思维目标、知识迁移应用等特点。

本文以《中外历史纲要（上）》中《清朝前中期的鼎盛与危机》一课为例，探讨指向深度学习的历史主题教学。

二、指向深度学习的历史主题教学策略

1. 提炼主题——基于课程标准和教材内容提炼教学主题

教学主题是一节课的中心和灵魂，它既是“构思教学设计的基本依据和根本意图，也是教学目标最主要的体现”；它既是课堂教学的骨架支撑，也是生发学生思维的重要源泉。因此提炼教学主题是主题教学的关键所在。教师必须在认真领会课标要求、深入研读教材内容的基础上，基于单元主题来提炼一节课的主题。

《中外历史纲要（上）》第四单元《明清中国版图的奠定与面临的挑战》，讲述的是明朝和鸦片战争以前的清朝。这一时期的政治体制、经济发展和学术文化都呈现集大成的态势；与此同时，欧洲社会发生巨变。由于中国缺乏全球视野，看不到世界的变化，安于现状，以致在不长的时间内就明显地落后了。因此本单元的主题可以确定为“中华文明的成熟与隐忧”。

《清朝前中期的鼎盛与危机》的课程标准要求：“通过了解清朝时期统一全国和经略边疆的相关举措，知道南海诸岛、台湾以及包括钓鱼岛在内的附属岛屿是中国版图的一部分，认识这一时期统一多民族国家版图奠定的重要意义；通过了解清朝时期封建专制的发展、世界的变化对中国的影响，认识中国社会面临的危机。”

基于单元主题和课程标准，我们把本节课的主题定为“全球视野下看清朝前中期的鼎盛与危机”。

2. 探究学习——围绕教学主题和学生立场设计教学活动

“深度学习的关键在于真正落实学生的主体地位”，而学生主体地位的落实，关键在于教师的教学设计。崔允漷教授说：“教案变革的方向是把深度学习设计出来，让真实学习真正发生。”

教师要在了解学生的心理年龄特征、已有认知水平和社会生活经验的基础上，围绕教学主题，针对学生知识的衔接点、盲点、矛盾点以及兴趣点来设计教学活动。通过补充材料，创设历史情境，设置具有挑战性的探究问题，引导学生积极主动地参与学习活动，在问题解决中实现深度学习。

初中生已经学习过康乾盛世，具备传统盛世的既定思维，但对盛世下暗含的危机知之不多，且并未形成全球史观的系统知识，缺乏全面把握的能力和理性认识。因此需要教师补充材料，设置问题情境，“借助具有整合作用的问题激活内在动机、理解深层意义和展开实践创新，进而对学习者产生深远影响”。

探究问题一：因何而盛——从全球视野看，为什么会出现康乾盛世的鼎盛?

材料一：康乾盛世的出现“主要有三个因素：首先，政治局面安定。在康雍乾时期，自从三藩平定之后……国内也没有长期的、大的战争……因此社会安定，经济得以飞速发展。其次，就外部条件来说，当时中国产品丰富，在与外国进行产品交换时往往是出超……这样大量的白银就流入中国……这对中国经济的发展有非常大的刺激作用。再次，高产作物的大面积种植。美洲的玉米、花生、白薯等早在明朝时期就已经传入中国……清朝大批推广高产作物，粮食的产量迅猛增长。”

——2004 年 8 月 17 日光明日报 《戴逸谈康雍乾历史》

历史事件不是孤立存在的，教学中要注重将历史事件置于具体的时空框架下，分析它们之间的相互关联、相互影响。通过补充史料，引导学生“从广阔、宏观的视角重现历史主题和历史事件，对历史事件进行多角度的深入剖析”，促进深度学习。

学生联系已学知识分析材料，认识到康乾盛世的出现离不开君主专制的强化和国家统一的巩固所带来的社会安定，同时也离不开新航路开辟后，国外白银的大量流入和高产作物的传入、推广。也就是说，康乾盛世的出现离不开世界因素的影响，但是当时的清王朝缺乏全球视野，没有认识到这一点，继续实行闭关锁国政策。

通过补充拓展材料，将中外历史事件有机联系起来，为学生搭建一个深度学习的平台，不但有利于学生将碎片化的知识进行整合，构建知识体系，也有利于学生全面、系统、深入地理解历史。

探究问题二：盛世隐忧——从全球视野看，康乾盛世的鼎盛下有着哪些隐忧？

历史是无法还原的，而历史情境的设置可以帮助学生返回历史现场，置身其中观察历史、思考历史、辨析历史，提高学生的学习兴趣，发展历史思维，促进深度学习。

材料二：皇上曰可，臣亦曰可；皇上曰否，臣亦曰否。上有忧勤之圣，而下无翼赞之贤，此其所以逊于唐、虞也。

——齐周华《名山藏副本》附录《唐孙镐讨诸葛际盛檄》

材料三：朝鲜使臣见闻：乾隆五十五年“（清帝国）大抵为官长者，廉耻都丧，货利是趋，知县厚馈知府，知府善事权要，上下相蒙，曲加庇护。”

——《朝鲜李朝实录》

材料四：不管是在舟山还是在溯白河而上去京城的三天里，没有看到任何人民丰衣足食、农村富饶繁荣的证明……触目所及无非是贫困落后的景象。

——约翰·巴罗《我看乾隆盛世》

材料五：乾隆帝亲自发起的修纂《四库全书》活动，实际上是一场无孔不入的查书禁书毁书运动。据统计，10 年间，共毁书 24 次，凡 538 种，计 13862 部之多。

——王安东《试论清代文字狱的起因、特点及影响》

材料六：清代中叶的人口和耕地面积表

年份	人口数量 / 亿	耕地面积 / 万顷	人均耕地面积 / 亩
1753	1.84	735.22	4.00
1766	2.08	780.73	3.75
1784	2.86	760.57	2.66

（续表）

年份	人口数量 / 亿	耕地面积 / 万顷	人均耕地面积 / 亩
1812	3.34	788.93	2.36
1822	3.73	756.21	2.03

——孙毓棠、张寄谦《清代的垦田与丁口的记录》

这组材料从多个方面再现康乾盛世下的内部隐忧：政局稳定的背后是体制僵化，吏治腐败；城市繁华的背后是城乡差距，贫富矛盾激化；文化繁荣的背后是思想僵化；人口增长的背后是人地矛盾。这些隐忧导致社会矛盾激化，内部动乱不断。

通过补充材料，创设历史情境，调动学生的学习兴趣；学生结合已学知识对材料进行分析、综合、比较、归纳，实现知识的整合构建，培养了高阶思维。

材料七：清代农民日常饮食：粗粮、青菜，春荒时吃糠咽菜。

18 世纪英国雇工食谱：牛奶、面包、啤酒、腌猪肉。

——张宏杰《饥饿的盛世》

材料八：英使觐见乾隆帝的礼单：天文仪器、地球仪、望远镜、钟表、蒸汽机模型、珍妮机模型、步枪、远洋战舰模型。

中国回礼单：珐琅、珍宝、玉器、漆器、花缎、画册、鼻烟壶、扇、签、普洱茶 48 团、茶膏 9 匣和各色食品等。

——马戛尔尼《1793 年乾隆英使觐见记》

材料九：

乾隆十三年（1748 年）　孟德斯鸠发表《论法的精神》

乾隆四十一年（1776 年）　美国宣布独立

乾隆五十四年（1789 年）　法国爆发大革命，提出“主权在民”

乾隆退位次年（1795 年） 华盛顿拒绝担任第三任总统，完善了美国的民主政体

——张宏杰《饥饿的盛世》

这组材料从百姓日常生活、科技水平、政治制度等方面直观地再现外部隐忧：当时的西方已经迎来了资本主义的发展与工业文明的到来，而康乾盛世下的中国却还在强化封建制度，在农业文明中徘徊。当时的世界正在发生深刻的变化，但是清王朝缺乏全球视野，闭关自守，无法适应外部环境，导致中国逐渐落后于世界潮流。

通过补充史料，进行中外联系、横向对比，帮助学生弥补知识体系上的缺漏，促进知识的整合和体系的构建；通过创设历史情境，调动学习兴趣，引导学生全面、深入、辩证地认识康乾盛世，培养学生的批判思维，实现深度学习。

探究问题三：为何而衰——从全球视野看，鼎盛中为什么会出现危机？

材料十：有学者在研究康乾盛世的时候说道：“专制主义中央集权可以在政治、军事、经济、文化方面创造业绩，但无法解决封建制度本身难以解决的种种矛盾，反而由于专制政治压抑了解决这些问题的探索与追求精神。”

——王戎笙《中国何以落后挨打——问责康雍乾》

小组讨论：请结合所学知识，以康乾盛世为例，谈谈你对这句话的理解。

以辩析性的探究问题为载体，引导学生合作探究，通过对历史问题的质疑与批判、辩证与分析，让高阶思维在课堂中绽放与升华，实现深度学习。

学生通过讨论探究，认识到君主专制的强化为康乾盛世提供了政治和制度的保障，但君主专制的强化是为了巩固中国封建社会原有的格局和秩

序。基于此目标，清朝对内重农抑商，禁锢思想，对外闭关锁国，使中国逐渐落后于世界潮流。究其本质，清朝统治者的眼光只是局限在中国历史的发展脉络上，而缺乏全球视野，没有看到世界正在发生巨变。从而引导学生全面辩证地看待君主专制，完成挑战性的学习任务，促进对知识的深度理解，培养高阶思维。

3．升华主题——历史链接现实，提升知识的迁移应用能力

材料十一：一个人口几乎占人类三分之一的大帝国，不顾时势，安于现状，人为地隔绝于世并因此竭力以天朝尽善尽美的幻想自欺。这样的一个帝国注定最后要在一场殊死的决斗中被打垮。

——《马克思恩格斯选集》

思考：习近平指出“当今世界正经历百年未有之大变局”。面对这一特殊的历史时期，我们中国应该怎么应对?

学生各抒己见，教师总结：只有顺应历史潮流，积极应变，主动求变，才能与时代同行，才能实现中华民族的伟大复兴。

历史情境与探究性学习活动相结合，联系社会现实，有利于拉近学生与历史的距离，让历史真正走进学生的内心，促进知识的迁移与应用，实现主题升华，推动深度学习。

深度学习需要顺应时代要求和社会需要，使学生不是为学而学，“而是使学生能将所学的知识迁移应用到各种问题情境中，并成功解决问题，使学生具备实践和创新的能力，能使所学彰显社会价值和自我价值”。

三、结语

指向深度学习的历史主题教学是深度学习理念引领下的主题教学，以学生为中心，师生围绕教学主题在相对真实的历史教学情境中进行知识的理解与建构，完成具有挑战性的学习任务，促进知识的迁移和应用，从而实现深度学习，推动学科素养在历史课堂中“落地生根”。

深度学习的落实，并无固定的模式和方法。叶圣陶先生说过“教学有法，但无定法，贵在得法”，本文所涉及的教学案例，只是为历史教师在

构建深度学习的课堂方面提供新的视角和思路，希望能抛砖引玉，引发各位同仁更多的思考与实践。

案例 3：峥嵘岁月——奶奶的青年时期（1935—1965）

2013 年，国家教育部基础教育课程教材发展中心开始着手研究和推进深度学习教育项目，以培养具备批判思考能力、创新能力、交流协作能力和问题解决能力的未来人才。《普通高中历史课程标准（2017 年版 2020 年修订）》明确指出，历史课程要将培养和提高学生的历史学科核心素养作为目标，在课程实施上，通过进一步改进教学方式，引导学生深度学习，促进学生自主、合作、探究式的学习，提高实践能力，培养创新精神。可见，无论是课程标准的基本要求，还是历史学科核心素养落地，都需要在教学中体现深度学习。通过口述史探究方法来激发学生学习兴趣，突出学生主体意识，提高学科素养，使高中历史教学课内与课外相结合，突破课堂空间与教材内容的限制，是提高学生实践能力，培养创新精神的有效路径，它指向深度学习。

一、深度学习下的口述史探究路径及特征

何谓深度学习？不同于浅层学习和机械学习，深度学习是学习者自主思考，并以高阶思维发展和问题解决为目标，通过信息整合、构建反思、迁移运用，在实践情境中实现基于理解的批判性学习。

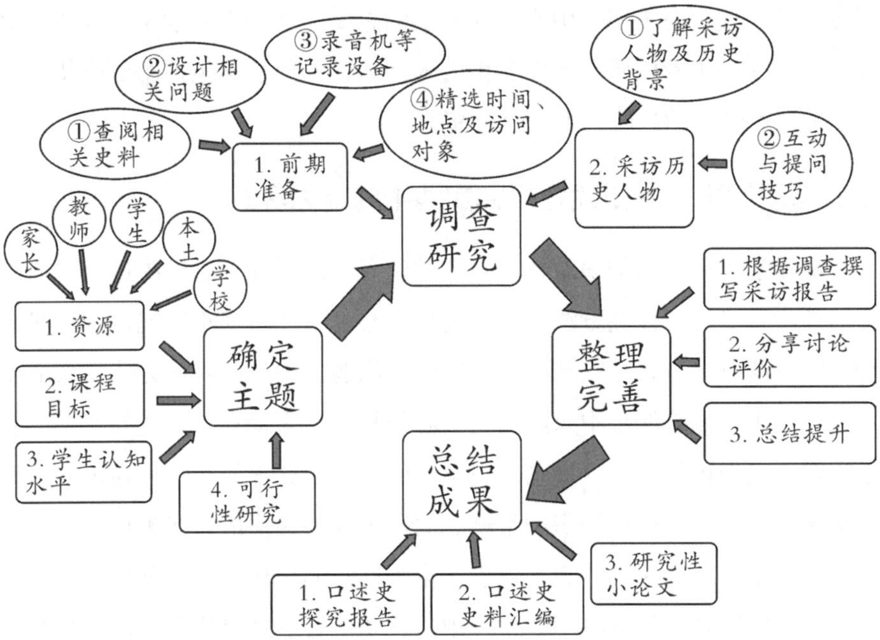

图 6-3-1　口述史实施步骤

基于深度学习的高中历史口述史探究，至少需要具备以下四个特征：第一，体现学生主体。深度学习强调学生立场，关注学生的学习是否真正发生。口述史探究式教学把学生从课堂与教材中解脱出来，从调查准备、问题提纲、访谈对象、过程实施、资料整理到成果总结，全程都以学生为主，充分体现学生主体性，有效调动学生的参与性、主动性，提高学生学习历史的兴趣。第二，突出问题探究。在进行口述史的访谈中，问题设计非常重要，问题设计宜为问题链形式，在关联本课、本单元、本模块的基础上，有效链接学生已经掌握的旧知识，把历史课程知识与现实连接起来，通过问题探究一步一步进入到历史情境中，又在情境中以问题探究式抽丝剥茧，层层深入。第三，践行研究创造。口述史探究是一种研究性学习，更是一种创造性活动，学生们在进行口述史探究中“像年轻的考古学家一样，拿着铁锹站在讲稿中间，俨然是个历史的研究者，在煤层的截面上不断挖掘”。通过挖掘获取“独一无二”的细节历史资料，因此也带来了一种特殊的成就感。第四，指向立德树人。口述史教学活动中学生作为主要参与者，通过与被访者的访谈对话，更易感受到特定历史背景下的历史事件，理解历史事件中当事人真实的感受，从而引起学生对人类、民族、国家的历史责任感，激发学生的人文情怀。促进学生情感的升华，而且能够培养学生的高阶思维和综合能力。

二、问题解决——口述史探究实践中的能力养成

深度学习不是以知识获得为目的的学习，而是在问题解决过程中所展开的学习。口述史探究方法是以问题为中心，整个口述史探究过程也是围绕着问题的解决进行。它与传统课堂中以问题为中心的教学方式最大的不同之处在于：传统课堂中以问题为中心的教学更多地在于通过问题来启发学生对历史知识的理解，提高历史学习的兴趣，其本质是一种通过问题教学来提高学生学习历史知识的策略。而基于问题解决的口述史探究则更侧重培养学生问题解决的能力，要求学生将已有的历史知识、分析方法及生活经验，应用到新的解决问题过程中，让学生自己通过实践主动获得新知识，并能通过自己的整合构建新旧知识，提升学习迁移能力，并在问题解决中获得真实体验和有效的问题解决技能。换言之，口述史探究实践不仅是激发学生主动获取历史知识的策略，更侧重指向对学生关键能力的培养。

基于问题解决的口述史探究是指在教师指导下，学生围绕问题进行口述史探究，在解决问题的过程中学习新的知识、技能和态度，最终在口述史探究过程中形成解决问题的技能与自主构建知识的能力。图 6–3–2 为口述史探究问题设计实施路线。

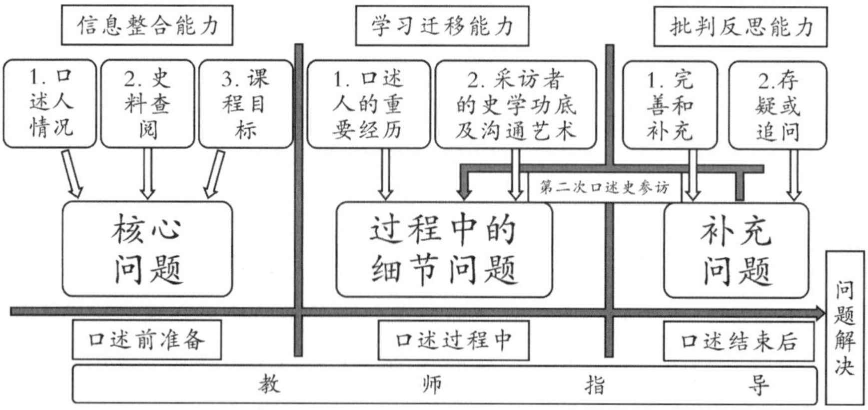

图 6–3–2　口述史探究问题设计实施路线

在路线实施中，要注意几个细节：首先是主要问题也即核心问题的确定，形成问题提纲。问题提纲对口述史探究来说有着提携引领的作用，问题提纲的确定本身需要学生对相关历史史实进行系统化理解和整合，并在此基础上设计问题提纲，通过学生自主探索和批判性问题设计，实现深度学习。编制问题提纲，需要从五个方面入手：第一，要对相关历史史实进行全面查阅和掌握，这是最重要的基础，失去了史实的查阅与了解，任何口述史访谈都很难有层次和深度。第二，要结合历史课程标准进行主题设定，确定基本目标和范围。第三，对口述人的个人信息及历史经历做到全面了解，特别是与本次口述史主要问题相关的重大历史经历。第四，需要在老师的指导下对核心问题和问题提纲进行修正与完善，并就访谈过程中可能出现的问题组好方案与培训，确保口述史探究能顺利进行。第五，注重过程中的细节问题，细节问题往往是对主题及核心问题的补充与深化，也恰恰是口述史探究的亮点所在。细节问题因其即时性和思辨性，往往考验学生的学习迁移能力、生活经验、史学功底以及沟通技巧。在与口述人对话时，学生对口述人的经历“同情理解”，抓住关键部分“批判辨析”，运用所学知识和思维方法进行“迁移运用”，在对话情境中实现“问题生成”，进而在调整中追问，在追问中挖掘现象背后的原因，实现对历史文本知识（宏观历史）与口述历史细节（微观历史）之间的关联。最后在口述史采录过程结束后，根据问题提纲对口述人的口述史料进行初步整理、反思、评价，对未解决问题、存疑及需要深入挖掘的部分再通过补充问题提纲对口述人进行第二次采录，以达到修补和完善、验证的目的。

总之，口述史探究过程中的问题设计不是追求简单的一问一答和单纯服务于历史教学的活动，而是以问题解决为目的，通过口述史探究、实践、化解各类难题，实现历史知识和个人能力的质变。从口述史探究前的信息整合到口述史采录过程中的抽丝剥茧，再到最后的评价反思，学生的问题意识贯穿整个全程，在这个过程中，“学生如何设置问题提纲”“如何与口述人进行对话沟通和层层追问寻找答案”“口述结束后如何整理评价反思以实现问题解决的目的”，这些都指向深度学习中最重要的特征——学习迁移运用能力的培养。学生与口述人进行对话，通过问题进入新的历史情境中，准确地运用原有的历史知识捕捉核心概念和口述人的关键历史信息，灵活地运用已有的历史知识、技能和方法，激活更为复杂的有意义的问题情境，在问题情境中与访谈者深入对话、辨析、验证，进而挖掘与解决问题，并在问题解决中获得知识，迁移运用相关的技能与方法，最后形成解决问题的技能与自主学习的能力。

三、情境构建——口述史料问题的原生呈现

历史深度学习也是一种情境化的学习，学生在原有历史文本知识的基础上通过口述史探究与“活的历史”进行对话，深入历史情境，并与访谈者在对话的情境中挖掘历史细节，这种情景化的学习不仅体现在口述史的探究过程中，更体现在口述史料文本的呈现上。换句话说，口述史探究的现场是一种“置身情境、主动探索”式的深度学习，口述史探究后的文本整理也应该尽可能“情境创设，原生呈现”。如何完整地呈现口述史探究的过程，并把口述史史料文本完整再现，是高中历史口述史撰写必须解决的问题。根据笔者自己的口述史实践，口述史料文本通常采用“口述缘由＋人物简介＋问答实录＋总结感悟”四个部分的文本结构来呈现口述史探究的过程。（案例略）

深度学习是一种基于情境的学习。只有当学习者在与特定的历史情境建立联系、产生交互时，他才能深度地参与和体验学习活动。口述史文本也一定是一种原生情境的呈现，要做到如此，必须做到以下几点：第一，必须把口述史采录的背景（包括缘由、口述人物的基本情况、采访的时间空间）在文本中有交代。第二，作为口述史料的核心部分——问答记录，通过采访者的询问及口述人的回答这样一种形式记录下来，其中包括详细记录口述人的神情、语态等，虽然这种形式看似口语化和零散性，但却能最大还原口述史探究过程的原模，创设出鲜活的历史对话情境，有利于对口述史料进行客观且开放性的解读和评析，培养学生的高阶思维能力。并通过对原生文本的追踪和需要，对口述人就某一个问题做进一步采访，来完善口述史料，增强客观性。第三，总结感悟部分，体现的是作者进行口述史探究前后的心理变化、价值情感和内在心声，进而达成学生知识构建、能力发展、智慧生成、情感升华等教育目标，它体现的就是口述史探究的教育性，落实立德树人目标。

这里需要强调的是，通过“口述缘由＋人物简介＋问答实录＋总结感悟”四个部分来呈现口述史料，不是追求某种史料文本的结果，而是追求人与人之间的对谈、互动、探究、应用、评价和创作的过程，它把口述史探究的缘由、口述史探究详细过程记录、采访人前后的心理变化、总结感悟完整地呈现出来，这个过程就是以学生主体的深度学习的过程。

四、自控反思——口述史探究的重要保障

根据美国著名心理学家布鲁姆《教育目标分类：认知领域》对认知领域目标的思维级别划分，可分为知识、领会、运用、分析、综合、评价等六个层次，其中运用、分析、综合、评价属于高层次思维。培养学生高层次思维是历史深度学习的主要任务。高层次思维的培养，不是源于外在的灌输和刺激，而主要来自学生思维活动的自觉。这种思维活动的自觉不仅仅是对新知识、技能进行更高水平的加工和应用，更侧重于学生对自身学习过程进行自我监测与反思，从而更好地对自己的认知活动进行调节和控制，实现深度学习。在口述史探究的过程中，让学生对各个环节进行有效的监测与反思是推进口述史探究顺利进行的重要保障，也是强化学生评价能力，培养学生高层次思维的重要一环。

对于高中阶段的学生来说，如何有效地对口述史各环节展开监测与反思，需要得到教师的帮助和引导，这种引导作用不是教师的说教，而在于把握学生的认知特点与学情，从学生的认知水平出发，发现困难，分析问题，明确思路和方向，并对各个环节进行相应的评估，以启发学生思维自觉与实践主动。下表是口述史探究各环节的学生反思评价清单（包括访谈前的自我评估、过程中的自我监控、访谈后的自我总结与审视三个部分）和对应的教师评估清单：

反思评价清单以问题为中心，通过反思清单制定相应的任务和预期目标。这些都需要在口述探究活动的准备阶段进行前瞻性规划和设计，特别是每个阶段要达到的最终成果，只有明确任务和目标，才能在口述史探究实践过程中生成和收集足够的过程材料及自己所要达成的成果，也有利于教师对各个环节进行多元化评价。反思评价清单必须以教师为主导，要根据口述史探究主题预先制定详细的反思评价方案，实施持续性多元化评

表 6-3-1　口述史探究各环节的学生反思评价清单和对应的教师评估清单

阶段	反思清单	主要任务	预期目标	成果	评估清单（教师）	备注
访谈前的自我预估	1. 对相关史实我了解多少？ 2. 通过口述史探究想要获取什么？ 3. 有什么困难，如何解决？ 4. 预期目标是什么？	背景调查	对相关史实进行文献查阅，对访谈对象及相关地区进行调查探访，并撰写调查报告，完成可行性研究	背景调研报告、可行性研究报告	“口述人资源”是否具备，相关史实是否扎实，是否具有实践可行性	教师指导学生完成
		问题提纲	编制访谈提纲和问题设计	访谈问题提纲	是否找出自己的兴趣点和问题点	教师指导学生完成
		访谈计划	制定详细访谈计划和实施方案，诸如访谈时间、地点、录音设备准备、前期培训等	访谈计划方案	访谈计划是否具有可行性，是否已经做好充分准备	教师指导学生完成
过程中的自我监控	根据问题提纲展开三个层次的自我监控：1. 口述人陈述自己的经历，“是什么”；2. 追问“为什么会”深挖本质和深层次原因；3. 最后“解决认知冲突问题”	访谈实施	按照访谈方案完成对口述人的采录	录音、录像文件	与口述人的预热、互动、沟通技巧等	学生完成

（续表）

阶段	反思清单	主要任务	预期目标	成果	评估清单（教师）	备注
	根据问题提纲展开三个层次的自我监控：1. 口述人陈述自己的经历，“是什么”；2. 追问“为什么会”深挖本质和深层次原因；3. 最后“解决认知冲突问题”	问题解决	通过问题提纲完成问题解决	访谈提问艺术、团队协作能力有提升	是否按照问题提纲实现问题解决；要把宏观历史与口述微观历史相联系；捕捉历史细节、本质原因和逻辑关系	学生完成
		实录文本	对访谈过程进行实录及文本整理	口述史实录文本	是否按照四个结构文本进行情境式还原	教师指导学生完成
访谈后的自我总结与审视	1. 我获得了什么（包含知识、能力、价值）？ 2. 存在哪些困惑和不足？ 3. 今后遇到类似的情况我如何解决它？	资料汇总整理	对所有阶段的资料、成果进行汇总整理，形成资料成果汇编	资料汇编，档案汇总	资料应包含文字资料、录音文件、图像电子资料	教师指导学生完成
		撰写报告及小论文	完成撰写访谈后的研究报告及小论文	项目研究报告、小论文	要注意格式，有一定见解	教师指导学生完成
		成果分享与展示	让学生成为主讲人进行一次成果分享及展示，以启发更多的同学去实践	视频录像、课例PPT及文本	展示过程。侧重为什么做、如何做，遇到什么困难，怎么解决	教师指导学生完成

价。这里需要说明三点：第一，上表的反思评价清单不是具体的案例清单，而是从实践中提炼的指导性清单，实践活动中需要根据不同口述史探究的活动主题进行相应的完善和修改；第二，通过反思清单让学生在口述史探究各个阶段评估自己的知识水平、兴趣需求、困难问题、解决策略及目标成果等，切实提升学生主体自觉与自我决策，形成责任担当意识；第三，教师评价旨在了解学生口述史探究的各阶段目标达成情况，调控学生实践过程中的偏差，激励成功，为口述史探究顺利进行提供服务。

深度学习强调学生的主体性和自主构建知识的能力，但必须强调的是，高中历史深度学习是教师的“教”与学生的“学”的双向活动。学生的“学”是高中历史深度学习的核心构成，而教师的“教”是促进高中历史深度学习的重要支撑。高中历史口述史探究方法的应用，是对高中传统历史课堂教学理念和方法的重要补充，它以学生为中心，让学生直接接触到历史探究的方法，通过与“活的历史”对话，增强历史参与感，培养关键能力，提升学科素养。

当然，也必须指出的是，口述史探究方法在教学中存在的问题也不能忽视，从口述史料本身来看，“口述史料由于是建立在回忆的基础之上，而回忆是难以确保准确的，既包含着事实；也包含着想象”，而历史教学本身是求真，不能为了达到某种效果和失去了历史的本真。这就需要我们在进行口述史探究及史料整理的过程中，要注意甄别。从其适用的范围及时间来看，主要适用于中国近现代史，对于100年前的中国历史及世界史更是无法适用。尽管如此，仍不妨碍口述史探究方法在高中历史课堂的运用。无论从培养学生的问题解决能力，还是情境构建能力，亦或是自控反思能力出发，通过口述史探究方法的运用和打造指向深度学习的高中历史课堂教学，从学生自主“学”的角度来探寻知识内化及能力达成的规律，推动课堂变革，帮助学生逐渐形成终身发展所需的必备品格和关键能力，进而落实立德树人的根本任务。

参考文献

[1] 埃里克·詹森，利恩·尼克尔森．深度学习的 7 种有力策略 [M]. 上海：华东师范大学出版社，2010.

[2] 安德森．面向学习、教学和评估的分类学——布卢姆教育目标分类学 [M]. 上海：华东师范大学出版社，2008.

[3] 安富海．促进深度学习的课堂教学策略研究 [J]. 课程·教材·教法，2014，34（11）：57-62.

[4] 保罗·汤普逊．过去的声音：口述史 [M]. 沈阳：辽宁教育出版社，2000.

[5] 陈春露．关于新课程下高中历史实施主题教学的思考——以衢州市 2010 年重点高中历史优质课评比活动为例 [J]. 历史教学（中学版），2010（12）：16-18+23.

[6] 陈家华．以核心素养为指归的教学设计——《中外历史纲要（上）》[M]. 杭州：浙江工商大学出版社，2019.

[7] 陈思睿．深度学习视角下中学历史主题教学研究 [D]. 广西民族大学，2019.

[8] 陈新民，韩文杰．历史学科大概念的界定与教学课例 [J]. 历史教学：上半月，2021（5）：3-8.

[9] 陈志刚，王本涛．深度学习与历史学科核心素养目标的达成 [J]. 历史教学：上半月，2019（8）：38-43.

[10] 陈志刚，王继平．大概念的理解与教师备课 [J]. 历史教学：上半月，2020（9）：8.

[11] 仇华飞．从“冲击—回应”到“中国中心观”看美国汉学研究模式的嬗变 [J]. 上海师范大学学报：哲学社会科学版，2000，29（1）：10.

[12] 崔允漷．学科核心素养呼唤大单元教学设计 [J].2021（2019-4）：

1-1.
[13] 董晓炜 . 删繁就简化零为整——统编高中历史教材实施中的整合资源策略研究 [J]. 辽宁教育，2020（5）：7.
[14] 段明艳，方美玲，孙妍 . 大单元设计下以“现代化”视角通观世界近现代史 [J]. 天津师范大学学报（基础教育版），2019，020（003）：14-19.
[15] 方美玲 . 历史学科大概念的确立及其教育价值 [J]. 历史教学：上半月，2020（6）：9.
[16] 方美玲 . 用历史要素分析法认识历史规律——以初高中“理解 / 解释历史杰出人物”单元为例 [J]. 历史教学（上半月刊），2018（6）.
[17] 方颖 . 基于大概念的高中历史统编教材教学设计 [J]. 福建基础教育研究，2021（1）：3.
[18] 冯瑛，黄开红 . 统编高中历史教材“中华文明的起源与早期国家”教学设计 [J]. 历史教学：上半月，2020（3）：9.
[19] 冯友梅，李艺 . 布鲁姆教育目标分类学批判 [J]. 华东师范大学学报：教育科学版，2019（2）：10.
[20] 傅斯年·傅斯年全集 [M]. 长沙：湖南教育出版社，2003.
[21] 格兰特·威金斯，杰伊·麦格泰 . 理解力培养与课程设计：一种教学和评价的新实践 [M]. 北京：中国轻工业出版社，2003.
[22] 格兰特·威金斯，杰伊·麦格泰 . 理解为先模式：单元教学设计指南（一）[M]. 福州：福建教育出版社，2018.
[23] 格兰特·威金斯，杰伊·麦格泰 . 追求理解的教学设计（第二版）[M]. 上海：华东师范大学出版社，2017.
[24] 龚宇 . 统编高中历史教材单元整体设计必要性探析——以《中外历史纲要》上册第一单元为例 [J]. 湖南教育（D 版），2020（10）：27-29.
[25] 龚正 . 用史料实证建构大概念——以“小农经济”大概念教学为

中心的考察[J]. 中学历史教学参考，2021（9）：31-35.
[26] 龚祚奎 . 基于统编版高中历史教材的单元设计策略——以“晚清时期的内忧外患和救亡图存”为例[J]. 新教育（海南），2021（7）：2.
[27] 郭元祥 .“深度教学”如何真实发生[J]. 今日教育,2017（6）：4.
[28] 韩海林 . 基于知识结构的深度学习策略——以西周政治制度学习为例[J]. 中小学教材教学，2021（1）：4.
[29] 何成刚，张克州 . 部编本高中历史教材史料的挖掘与拓宽[J]. 历史教学：上半月，2019.
[30] 何兆武 . 对历史学的若干反思[J]. 史学理论研究，1996（2）：9.
[31] 胡波，赵晓东 . 大视野与小切口:“纲要”式教学内容应对策略——也谈大概念教学的策略[J]. 天津师范大学学报：基础教育版，2021，22（3）：6.
[32] 黄牧航，张庆海 . 历史学科核心素养分类分层测评标准例析[J]. 历史教学：上半月，2019（8）：10.
[33] 黄牧航 . 中学历史学科核心素养的教学与评价[M]. 北京：人民教育出版社，2020.
[34] 黄涛 . 基于“大概念”的中学历史教学建议——以“中华文明的起源与早期国家”一课为例[J]. 中学历史教学参考，2021（9）：67-71.
[35] 黄天庆 . 注议题探讨：融合“大概念”与“大主题”的高中历史教学[J]. 江苏教育研究，2020（26）：4.
[36] 纪巍 . 大概念与跨学科视角下的高中历史教学研究[J]. 中学历史教学参考，2021（9）：19-23.
[37] 凯洛夫 . 教育学（上册）[M]. 北京：人民教育出版社，1951.
[38] 李帆 . 统编《中外历史纲要》教材中国近现代史部分的编写特点[J]. 人民教育，2019（21）：2.
[39] 李刚，吕立杰 . 国外围绕大概念进行课程设计模式探析及其启示

[J]. 比较教育研究，2018（9）：9.

[40] 李凯，沈旺 . 论历史教学中大概念的应用——以“两宋的政治和军事”为例 [J]. 历史教学（上半月刊），2020（10）:12-17.

[41] 李凯 . 新高中历史教学应重视大概念 [J]. 历史教学：上半月，2020（2）：5.

[42] 李明泽 . 深度学习视域下的高中历史教学策略研究 [D]. 辽宁师范大学，2020.

[43] 李乾 .《中外历史纲要》“大单元整体学习”研究 [D]. 苏州大学，2020.

[44] 李松林，贺慧，张燕 . 深度学习究竟是什么样的学习 [J]. 教育科学研究，2018（10）：5.

[45] 李松林 . 基于深度学习的课堂变革 [J]. 四川教育，2018（1）：2.

[46] 梁启超 . 历史研究法 [M]. 北京：东方出版社，1996.

[47] 梁小翠 . 基于学科核心素养的中学历史教学主题设计 [J]. 中学历史教学参考，2021（8）：3.

[48] 林恩·埃里克森，洛伊斯·兰宁 . 以概念为本的课程与教学：培养核心素养的绝佳实践 [M]. 上海：华东师范大学出版社，2018.

[49] 林恩·埃里克森 . 概念为本的课程与教学 [M]. 北京：中国轻工业出版社，2003.

[50] 刘徽 .“大概念”视角下的单元整体教学构型——兼论素养导向的课堂变革 [J]. 教育研究，2020，41（6）：14.

[51] 刘晓兵 . 探索统编高中历史教材教学的新样态 [J]. 历史教学：上半月，2020（2）：3.

[52] 刘月霞，郭华 . 深度学习：走向核心素养 [M]. 北京：教育科学出版社，2018.

[53] 刘哲雨，郝晓鑫 . 深度学习的评价模式研究 [J]. 现代教育技术，2017，27（4）：7.

[54] 马克思，恩格斯 . 马克思恩格斯全集（第 2 卷）[M]. 北京：人民

出版社，2012.
[55] 迈克尔·富兰，玛丽亚·兰沃希．极富空间：新教育学如何实现深度学习 [M]. 重庆：西南师范大学出版社，2016.
[56] 皮亚杰．皮亚杰教育论著选 [M]. 北京：人民教育出版社，1990.
[57] 普莱斯顿·D·费德恩，罗伯特·M·沃格尔．教学方法——应用认知科学，促进学生学习 [M]. 上海：华东师范大学出版社，2006.
[58] 邵朝友，崔允漷．指向核心素养的教学方案设计：大观念的视角 [J]. 全球教育展望，2017（6）：9.
[59] 盛慧晓．大观念与基于大观念的课程建构 [J]. 当代教育科学，2015（18）：5.
[60] 孙兴容．深度学习视域下高中历史问题教学研究 [D]. 四川师范大学 .2020.
[61] 谭晓泽，卓恺返．基于“大观念，大概念，大问题”的”大单元”教学设计——从宁波市新教材单元说课谈起 [J]. 中学历史教学，2020（4）：3.
[62] 汪琪．指向历史解释素养的高中历史大概念教学 [J]. 中学历史教学参考，2021（9）：5.
[63] 王波．基于核心素养培育的历史主题教学——以“诸侯纷争与变法运动”教学为例 [J]. 教学月刊·中学版（教学参考），2021（Z1）：58-61.
[64] 王春丽．单元整体教学理念下统编高中历史教材的课堂实践 [J]. 辽宁教育，2020（5）：4.
[65] 王国维．古史新证 [M]. 北京：清华大学出版社，1994.
[66] 王健宁．基于“大概念”的高中历史教学 [J]. 历史教学：上半月，2019（2）：5.
[67] 王鸣盛．十七史商榷 [M]. 北京：中国书店，1987.
[68] 温雪．深度学习研究述评：内涵、教学与评价 [J]. 全球教育展望，2017.46（11）：39-54.

[69] 吴美娟 . 基于学科素养的中学历史教学设计 [M]. 广州：华南理工大学出版社，2019.
[70] 谢维和 . 重要的是减轻中小学生的心理负担 [J]. 教育研究，2000，21（4）：2.
[71] 徐蓝 . 对教师使用统编高中历史教材的一些建议 [J]. 中国教师，2020（10）：5.
[72] 徐蓝 . 历史核心素养统领下统编高中历史教科书的编写 [J]. 课程·教材·教法，2019（9）：8.
[73] 杨冬明 . 基于大概念的高中历史整体性教学设计路径 [J]. 中学历史教学，2021（2）：3.
[74] 杨祥银 . 试论口述史学的功用和困难 [J]. 史学理论研究，2000（3）：10.
[75] 尤小平 . 学历案与深度学习 [M]. 上海：华东师范大学出版社，2017.
[76] 於以传 . 统编高中历史教材《中外历史纲要》的教研实施策略 [J]. 课程·教材·教法，2019，39（11）：17-22.
[77] 于涵 . 新时代的高考定位与内容改革实施路径 [J]. 中国考试，2019（1）：9.
[78] 余文森 . 有效教学三大内涵及其意义 [J]. 中国教育学刊，2012（5）：5.
[79] 张海鹏 . 统编高中历史教科书的学科体系和学术体系——适应和掌握统编高中历史教材《中外历史纲要》（上）的意见 [J]. 课程·教材·教法，2019（9）：13.
[80] 张浩，吴秀娟 . 深度学习的内涵及认知理论基础探析 [J]. 中国电化教育，2012.
[81] 章开沅，罗福惠 . 比较中的审视：中国早期现代化研究 [M]. 杭州：浙江人民出版社，1993.
[82] 赵立彬 . 关于近代珠海历史文化名人的乡土口述史料 [M]. 珠海：

珠海出版社，2010.

[83] 郑东辉 . 促进深度学习的课堂评价：内涵与路径 [J]. 课程·教材·教法，2019（2）：7.

[84] 郑葳，刘月霞 . 深度学习：基于核心素养的教学改进 [J]. 教育研究，2018，39（11）：5.

[85] 中华人民共和国教育部 . 普通高中历史课程标准（2017 年版 2020 年修订）[M]. 北京：人民教育出版社，2020.

[86] 钟启泉 . 深度学习：课堂转型的标识 [J]. 全球教育展望，2021，50（1）：20.

[87] 周云华 . 立足学科大概念发展学生好素养 [J]. 中学教学参考，2020（31）：3.

[88] 朱英 . 章开沅与辛亥革命和中国资产阶级研究 [J]. 史学理论研究，2017（4）：10.

[89] Erickson H L. Stirring the Head，Heart，and Soul：Redefining Curriculum and Instruction[J].Corwin Press, SAGE, 2001.

[90] Ference Marton，Roger Säljö.On Qualitative Differences in Learning：I–Outcome and Process[J].British Journal of Educational Psychology，1976，46（1）：4–11.

[91] Grant Wiggins，McTighe Jay.The Understanding by Design Handbook[M].Alexandria：Association for Supervision and Curriculum Development，1999.

[92] National Research Council.Education for Life and Work：Developing Transferable Knowledge and Skills in the 21st Century[M].Washington：National Academies Press，2012.

[93] Whiteley M .Big ideas: A close look at the australian history curriculum from a primary teacher’s perspective[J].Agora, 2012, 47(1).

后　记

大潮起珠江，风正成新篇。随着2022年的钟声响彻南海之滨，本书的撰写校对业已进入尾声。

2017年底，《普通高中历史课程标准》在热望中出版，石入静潭，涟漪泛泛；历经部分地区的改革试验，2020年修订后再次问世。也正是从那时起，广东地区开始使用统编高中历史教材。新课程标准怎么用？新教材怎么教？一时间，国内学界众说纷纭，教研成果如雨后春笋不遑多让。身处改革先行区，珠海地区中学的历史同仁自然不免跃跃欲试，萌生探微求索的学术激情。作为历史教研员，笔者深知使命重大，责任在肩。如何对新课标、新教材进行系统的梳理研究呢？这需要有一个适当的突破与抓手。

课程标准对“大概念”的强调引发了学界热议。2020年暑假后，笔者整合地区中学历史教研资源，申请组建了珠海市历史名教师工作室，并围绕大概念成功申报市级课题。课题开题后，工作室成员旋即开展了大量实践研究，先后有多篇成果在《历史教学问题》《中学历史教学参考》《中学历史教学》等核心刊物发表，其中2篇被人大报刊复印资料《中学历史、地理教与学》全文转载。在此基础上，我们又成功申报了广东省基础教育高中历史教研基地。在省高中历史教研基地和市名教师工作室双重阵地的加持下，历史大概念教学研究得以持续推进，最终促成了本书的出版。

事非经过不知难。“历史大概念教学”是一个人人可做，而又人人难以做好的关键议题。其本身的内涵界定尚且言人人殊，至今仍未取得学界共识。再加上我们的研究团队成员大都是中学一线教师，平日繁重的工作之余只能开展零敲碎打的阅读，每每等到寒暑假才有闲暇进行大部头的写作，这使初稿的交付日期一拖再拖。但从另一侧面反观，实践检验与理论探讨的长时段循环往复，恰恰增加了书稿的厚度。在此期间，编写组成员每月都围绕书稿主题进行专题研讨和教学实践经验交流。部分老师还根据大概念开展教学设计，参加“南方教研大讲堂”活动，通过省级公开课、市级讲座提炼和打磨观点。

书稿各部分的写作承蒙诸多学人指点，拨云见日，极大地避免了研究过程中可能出现的错进错出与南辕北辙。教育部基础教育课程教材发展中心何成刚研究员、北京师范大学李凯老师、华东师范大学李月琴老师、北京教育学院方美玲老师及东北师范大学李刚博士等学者先后围绕中学历史教学研究的推进，对编写组成员进行了讲座培训。华南师范大学王继平老师、广东省教育研究院陈家运老师等专家在广东省基础教育高中历史教研基地项目开题时亦给予了详尽指导。此外，书中各章节大都已在专业核心期刊成功发表，论文的修改也得到了各位编辑的青睐与指正。可以说，这本小书的背后汇聚了百家高见。当然，关于中学历史大概念教学的研究众说纷纭，笔者虽在各位专家提携下得以含英咀华，但挂一漏万在所难免，有不到之处自然是文责自负。

本书的编写得到了广东省基础教育高中历史教研基地项目资金的支持，在珠海市教研院领导下顺利进行。在书稿的编审过程中，出版社的各位编辑给予了大量宝贵的意见和建议，也得到了省内中学历史教研领域许多专家同行的关注，在此一并致谢。

栉风沐雨，玉汝于成。就中学历史大概念教学而言，本书的研究只是起步，抛砖引玉，出版后若能引发学界进一步讨论，自是编写者的一大幸事。

刘洪生
2022 年 1 月于板樟山下